WISSENSCHAFTLICHE BEITRÄGE
AUS DEM TECTUM VERLAG

Reihe Philosophie

WISSENSCHAFTLICHE BEITRÄGE
AUS DEM TECTUM VERLAG

Reihe Philosophie

Band 6

Veronika Musulin

Kant und Gott

Wie der Moralphilosoph Gott
vom Christentum emanzipierte

Tectum Verlag

Veronika Musulin

Kant und Gott.
Wie der Moralphilosoph Gott vom Christentum emanzipierte
Wissenschaftliche Beiträge aus dem Tectum Verlag:
Reihe: Philosophie; Bd. 6
ISBN: 978-3-8288-9706-9
Umschlagabbildung: Porträt Immanuel Kant - www.wikipedia.de
(ursprüngliche Quelle: http://www.departments.bucknell.edu/History/Carnegie/kant/portrait.html)

Besuchen Sie uns im Internet
www.tectum-verlag.de

Bibliografische Informationen der Deutschen Bibliothek
Die Deutsche Bibliothek verzeichnet diese Publikation in der Deutschen Nationalbibliografie; detaillierte bibliografische Angaben sind im Internet über http://dnb.ddb.de abrufbar.

Meinen lieben Kindern

Rosa-Rafaela, Karl-Gabriel und Sean-Michael

gewidmet, die mich zum glücklichsten Menschen der Welt gemacht haben.

Inhaltsverzeichnis

1 Einleitung

Die vorliegende Arbeit soll den Religionsbegriff des vierten Stücks „Vom Dienst und Afterdienst unter der Herrschaft des guten Prinzips, oder Von Religion und Pfaffenthum" in Kants Werk „Die Religion innerhalb der Grenzen der bloßen Vernunft" erläutern. Kants Werk „Die Religion innerhalb der Grenzen der bloßen Vernunft" ist nicht aus bloßer Vernunft abgeleitet. Sie gründet zugleich auf Geschichts- und Offenbarungslehre und enthält nur die „Übereinstimmung der reinen praktischen Vernunft mit denselben (das sie jener nicht widerstreite)."[1] Sie kann nicht als reine Religionslehre angesehen werden, weil sie auf die vorliegende Geschichte der angewandten Religionslehre bezogen wird.[2] Zu meiner Aufgabe gehört es auch, dass der Religionsbegriff im Hinblick auf die Tugendlehre und Gottseligkeitslehre bearbeitet werden soll. Zu der Zeit, als Kant seine „Religion innerhalb der Grenzen der bloßen Vernunft" (1793) veröffentlicht hatte, wurde die „Freiheit des religiösen Denkens eingeschränkt und die Zensur verschärft [...]."[3] Kant war in der Zeit also gezwungen, in religionsphilosophischen Fragen Zurückhaltung zu üben. Die christliche Dogmatik macht symbolische Aussagen, welche Kant mit seiner Tugend- und Vernunftlehre verbindet. Für Kant und Albert Schweitzer ist christliche Dogmatik sekundär gegenüber dem ethischen Anspruch. Das ethische Element tritt in den Vordergrund gegenüber der Dogmatik. Die Religion bei Kant besteht in der

---

1 Königlich Preußische Akademie der Wissenschaften (Hrsg.): Kant´s gesammelte Schriften. Band VI. Erste Abteilung. Sechster Band. Die Religion innerhalb der Grenzen der bloßen Vernunft. Die Metaphysik der Sitten. Druck und Verlag von Georg Reimer. Berlin 1914. S. 488

2 vgl. Band VI, a. a. O. S. 488

3 Röd, Wolfgang: Der Weg der Philosophie von den Anfängen ins 20. Jahrhundert, Zweiter Band 17. bis 20. Jahrhundert. Verlag C. H: Beck. München 1996. S. 179 u. vgl. Band VI, Anmerkungen, a. a. O. S. 32 f.

Ausrichtung der Denkungsart bzw. Gesinnung und der Hinwendung zum kategorischen Imperativ. Die Tugendlehre ist eine Lehre von den Pflichten, *philosophia moralis*. Sie befasst sich nicht nur mit dem Menschen als einem vernünftigen Wesen, das dem moralischen Gesetz folgen soll, sondern auch mit dem Menschen in seiner natürlichen Ganzheit; also mit einem Wesen, das mit Vernunft und Sinnesbezogenheit, ausgestattet ist und damit in Verbindung mit der sinnlichen Natur steht. Wie ein solcher Mensch aus Achtung vor dem allgemeinen Gesetz zu einem moralischen Vernunftwesen werden kann, werde ich in der Verknüpfung der Tugendlehre mit dem Religionsbegriffe zeigen. Kants Religion gründet in der praktischen Vernunft und nicht im Glauben an Gott, und „ihr Kern hängt von der Ethik ab."[4]

Ich werde auch die allgemeine Bestimmung des Religionsbegriffs und Gottseligkeitsbegriffes behandeln und die verschiedenen Definitionen des Begriffes darstellen. Die Schwierigkeit der Erklärung des Religionsbegriffes liegt darin, dass er in verschiedenen Epochen immer wieder anders bestimmt wurde und keine einheitliche Definition erhalten hat. Im 18. Jahrhundert war der Religionsbegriff eines der wichtigsten Themen der Philosophen. Jeder Philosoph gab ihm seine eigene Definition, so dass hier auch keine einheitliche Bestimmung des Religionsbegriffes stattfand. In Abschnitt vier werde ich Religionsbegriffe bei Kant darstellen, innerhalb deren der Begriff der *„statutarischen Religion"* behandelt wird. Es wird auch gezeigt, dass Kants moralische Religion und die Religion Christi sich nicht widerstreiten, weil beide in der Vernunft gründen, wobei die *statutarische Religion* die entgegengesetzte Richtung der moralischen Gesinnung aufweist, weil sie mit *statutarischen* Gesetzen ausgestattet ist, die ethischen Prinzipien widerstreiten.

---

[4] Röd, a. a. O. S. 178

2 Allgemeine Bestimmung des Religionsbegriffs und Gottseligkeitsbegriffes

2.1 Wo liegt die Schwierigkeit bei der Bestimmung des Religionsbegriffes

Das menschliche Verlangen nach Absolutem, die Suche nach einem übersinnlichen Existenzgrund des Menschen und kultische Manifestationen hat es in der Geschichte der Menschheit immer gegeben.[5] Dabei entstand *religiöser* Pluralismus. Wenn man heute die in unserer Welt entstandenen Religionen nennen wollte, käme man in eine schwierige Lage, denn außer den weit verbreiteten Religionen, die den meisten von uns bekannt sind, wie *Christentum, Buddhismus, Islamismus, Judentum,* gibt es auf der Welt ca. 670 Religionen. Viele Religionen sind im *Wittgen'steinschen* Sinne als Familienähnlichkeiten anzusehen. Bei dieser Vielfalt der historisch gewordenen Formen der Religionen kann man kaum ein Bestimmungsstück der Religion, das durchgängig in allen Religionen anzutreffen ist, finden. Jede Religion verehrt einen anderen Gott oder Götter, hat verschiedene Grundsätze und Pflichten. So ist es auch schwierig zu verstehen, dass Gottesvorstellung trotz ihrer Universalität, für die Menschen in kritischer Sicht nur wenig Gleichartigkeit aufweist.[6] Innerhalb verschiedener Religionsformen erhält der Begriff Gott unterschiedliche Konnotationen, sodass „die Verwendung des Wortes nicht als analog, sondern als äquivok anzusehen sein könnte."[7] Die Religionen werden auch unter dem Aspekte des Ursprungs eingeteilt in Naturreligionen oder Offenbarungsreli-

---

5 vgl. Sandkühler, Hans Jörg (Hrsg.): Europäische Enzyklopädie zu Philosophie und Wissenschaften, Band 4, R-Z. Felix Meiner Verlag. Hamburg 1990. S. 102

6 vgl. Burkard, Franz-Peter; Prechtl, Peter (Hrsg.): Metzler Philosophie Lexikon, Begriffe und Definition. Metzler. Stuttgart, Weimar 1996. S. 446

7 Metzler Philosophie Lexikon, a. a. O. S. 446

gionen. So werden sie auch als *Stammes-*, *Volks-*, *Staats-* oder *Universalreligion* bezeichnet, je nach ihrer Verbreitung. Nach dem Gottesbildnis wird die Religion jeweils unterschiedlich betrachtet, als *monoistisch*, *polyistisch*, *henoistisch* oder auch *atheistisch*.[8] „Der empirischen Vielfalt der rel. Phänomene entspricht ein breites, relativ inkohärentes Spektrum von Verwendungsweisen des Terminus R., die von philosophischer Wesensdefinition über fachwissenschaftliche Funktionsbeschreibungen bis hin zur alltagssprachlichen Vermischung von Magie und R., zu einem Bereich des Übersinnlichen reicht."[9]

2.2 Etymologische Bestimmung des Regionsbegriffes

Es ergeben sich auch bei etymologischer Bestimmung des Religionsbegriffes Schwierigkeiten. „So hat Cicero (De natura deorum II, 72), religio' von ‚relegere' (sorgsam und wiederholt durchgehen, beachten) abgeleitet und dementsprechend unter R. die sorgfältige Beachtung der Kultvorschriften verstanden. Später hat dann die christliche Theologie (Laktanz, Divinae institutiones IV, 28) ‚religio' auf ‚religare' (binden, wieder verbinden) zurückgeführt und R. als Bindung/Rückbindung an Gott definiert."[10] Auch Augustinus geht von *religare* aus, was zurückbinden, bedeutet : „an etwas befestigen".[11]

Bei Gellius ist der älteste Beleg zu finden. Gellius, geb. um 150 n. Chr. bedient sich eines nicht von ihm, sondern von Nigidius Figulus stammenden Verses, um den Gebrauch des Wortes *religiosus* zu erläutern. Nigidius, geb. 130 n. Chr., war Gelehrter und Freund

---

8 vgl. Metzler Philosophie Lexikon, a. a. O. S. 446

9 Europäische Enzyklopädie zu Philosophie, a. a. O. S. 102

10 Europäische Enzyklopädie zu Philosophie, a. a. O. S. 102

11 Fahlbusch, Erwin (Hrsg.): Taschenlexikon: Religion und Theologie, Band 3: L-R. Vandenhoeck & Ruprecht. Göttingen 1971. S. 259

Ciceros. So lautet der Vers in einem alten Lied von Nigidius Figulus, indem das Wort *religiosus* vorkommt: „religentem esse oportet, religiosum est nefas".[12] Bei Nigidius wird *religiosus* der genannt, der „übermässiger und abergläubischer Frömmigkeit nachhängt"[13] und sich einer „übertriebenen und abergläubischen Gewissenhaftigkeit (superstitiosa religione) verschrieb. Das bedeutet aber auch, daß „<religio> wie <religiosus> die gewissenhafte Erfüllung von Pflichten bezeichnen."[14]

Laktanz kommt es darauf an, dass Wort *religio* eine Verpflichtung und Verbundenheit gegenüber Gott darstellt, der uns erschaffen hat. Augustinus hat später diese Deutung von Laktanz übernommen, indem er das Streben nach einem Gott verlangt, und mit ihm allein sollen wir unsere Seele verbinden. Er sagt: „Streben wir zu dem einen Gott und bemühen uns, ihm allein ... unsere Seele zu verbinden, (religantes animas nostras), woher, wie man animmt, das Wort religio stammt."[15]

---

12 Georges, Karl Ernst; Georges, Heinrich: Ausführliches lateinisch-deutsches Handwörterbuch: aus den Quellen zusammengetragen und mit besonderer Bezugnahme auf Synonymik und Antiquitäten unter Berücksichtigung der besten Hilfsmittel / ausgearbeitet von Karl Ernst Georges. 11. Auflage, Nachdruck der achten verbesserten und vermehrten Auflage von Heinrich Georges, Zweiter Band. Hahnsche Buchhandlung. Hannover 1962. Spalte 2296

13 Weiss, Fritz (Hrsg.): Aulus Gellius, Die Attischen Nächten. Zum ersten male vollständig übersetzt und mit Anmerkungen versehen von Fritz Weiss, Erster Band, I.–VIII. Buch. Wissenschaftliche Buchgesellschaft. Darmstadt 1975. S. 242

14 Gründer, Karlfried; Ritter, Joachim (Hrsg.): Historisches Wörterbuch der Philosophie, Band 8: R–Sc. Wissenschaftliche Buchgesellschaft. Darmstadt 1992. S. 633

15 Historisches Wörterbuch der Philosophie, a. a. O. S. 635

2.3 Bestimmung des Religionsbegriffes durch Augustinus

Für Laktanz und Augustinus ist es wichtig, dass der Begriff Religion eine Verbindung des Menschen mit Gott darstellt.[16] Augustinus, geboren 354 in der römischen Provinz Numidien, Philosoph und Theologe und als Christ, „füllt den Begriff ‚religio' mit den Inhalten der christlichen R., wie er sie sah.

Dabei ist das Entscheidende, daß er sie mit der Philosophie als der Erkenntnis verbindet, die der Einheit aller Dinge zustrebt und die damit den einen Gott verehrt."[17] Christliche Religion ist danach ein Gottesdienst oder, anders ausgedrückt, ein Kultus, „erkennende oder denkende Religion, und danach steht sie der Philosophie nahe, weil sie auch wie Philosophie mit Wahrheit zu tun hat. Diese Wahrheit aber steht zur Einheit, d. h. dem einen Gott als Ursprung wie als Ziel, in unmittelbaren Kontakt".[18]

Augustinus befasst sich in „De civitate Dei" mit der christlichen Religion und ist der Meinung, dass römische und christliche Religion in ihrer Gottesverehrung als Kult oder Gottesdienst anzusehen sind.[19] Er ist der Meinung, daß Ergebenheit, *pietas*, eigentlich als Gottesverehrung zu verstehen ist, für welche die Griechen den Ausdruck *eusebia* haben. So sagt er: „Pietas quoque proprie Dei cultus intellegi solet, quam Graeci ευσέβεια vocant.[20] Hier ist zu bemerken, dass das Wort ευσέβεια bei den Griechen eine allgemeine Bedeutung hat. Das Wort θεοσεβια indem auch θεός (Gott)

---

16 vgl. Historisches Wörterbuch der Philosophie, a. a. O. S. 636

17 Historisches Wörterbuch der Philosophie, a. a. O. S. 636

18 Historisches Wörterbuch der Philosophie , a. a. O. S. 636

19 vgl. Augustinus, Aurelius; Dombart, Bernhard; Kalb, Alfons: Sancti Aurelii Augustini Episcopi. De civitate Dei. Libri XXII. Recognoverunt Bernardus Dombart et Alfonsus Kalb. Vol. I Lib. I-XIII, Wissenschaftliche Buchgesellschaft. Darmstadt. X.C.1. S. 403

20 Sancti Aurelii Augustini Episcopi. De civitate Dei. Libri XXII, X.C1. a. a. O. S. 403

erhalten ist, bedeutet Gottesverehrung. Augustinus schreibt der Religion eine noch größere Bedeutung zu, die über das kultische Geschehen hinausgeht, nämlich „die Erkenntnis des Schöpfers als Einheit des Universums."[21] „Merito igitur vera religio, quem mundi universi, eum animalium quoque universorum, hoc est et animarum et corporum, conditorem agnoscit et praedicat".[22] Nach Augustinus bezieht sich der Begriff Religion auf einen Kult, doch „weist sie in ihrem weiteren Zusammenhang als Erkenntnis wie als sittliche Lebensbewegung über den Kult weit hinaus. Diese Erkenntnis aber, wie auch die ihr zugehörige sittliche Lebensbewältigung"[23] sind bei Augustinus Religion. Nach Augustinus' Tod wird die Bedeutung des Wortes *religio* zuerst belegt und bezeugt. Das Wort *religio* erhält eine andere Bedeutung als bei Augustinus. Durch das ganze Mittelalter hindurch bezeichnet das Wort *religio* die Bedeutung an eine Glaubensgemeinschaft und so wird es in dieser Bedeutung auch von allen benutzt.[24] Ein Mönch wird als *religiosus* bezeichnet. „Das Ordenswesen bestand in der Observanz, in der sich die altrömische R. erschöpfte. Diese *religio* gehört mit dem Kult und der Liturgie zusammen, die das Leben der Orden prägen."[25] Der Religionsbegriff von Augustinus ist weniger mit diesem mittelalterlichen Religionsbegriff verwandt; er wird eher durch Ciceros Deutung lebendig. Religion wird als sittliches Vermögen, *virtus*, angesehen und dabei der *iustitia* unterstellt. Diese Zuordnung von *religio* ist von Cicero übernommen worden und wird bei den *kultischen Observanzen* beibehalten.[26] Religion als

---

21 Historisches Wörterbuch der Philosophie, a. a. O. S. 636

22 Sancti Aurelii Augustini Episcopi. De civitate Dei. Libri XXII, XII. C. 28, a. a. O. S. 555

23 Historisches Wörterbuch der Philosophie, a. a. O. S. 636

24 vgl. Historisches Wörterbuch der Philosophie, a. a. O. S. 637

25 Historisches Wörterbuch der Philosophie, a. a. O. S. 637

26 vgl. Historisches Wörterbuch der Philosophie, a. a. O. S. 637

solche zu betrachten bezeichnet „ein dem Menschen angeborenes Vermögen, aufgrund dessen der Mensch Gott zugetan ist."[27]

2.4 Bestimmung des Religionsbegriffes von Thomas v. Aquin

Thomas v. Aquin, italienischer Philosoph und Theologe, geboren 1225, hat in seinen Werken „Summa Theologiae" die Religion behandelt. Die Religion ist für ihn als eine Tugend, *virtus*, anzusehen. Eigenaufgabe der Religion sei, Gott die Ehre zu entbieten.[28]. Die *pietas* unterscheidet sich jedoch von *religio* nicht, weil sie auch Gott Ehre erweist.[29] Religion und *pietas* sind jedoch zwei unterschiedliche Tugenden.[30] Nach Thomas v. Aquin unterscheidet sich aber *pietas* von *religio* dadurch, daß die *pietas* die Ehre den Eltern und dem Vaterland gibt. Religion ist eine Tugend, die Gott die Ehre gibt.[31] Hier ist auch zu bemerken, dass Thomas von Aquin der Ehrerbietung, *observantia*, eine Vorrangstellung vor der *pietas* einräumt. *Observantia* ist sogar nach ihm die vorzüglichste Tugend nach der Religion.[32]

2.5 Einführung des Begriffes *religio naturalis*

Mit der Epoche der Neuzeit bis zur Frühaufklärung kommt es zu einer Wandlung des Religionsbegriffes. Es kommt zu einer allgemeineren Bedeutung des Begriffes. Dabei wurde die Beschrän-

---

27 Historisches Wörterbuch der Philosophie, a. a. O. S. 637

28 vgl. Aquinatis, S. Thomae: Summa Theologiae, Pars Iia Iiae. Marietti 1962. Quaestio 101, a. 1

29 vgl. Aquinatis, S. Thomae, a. a. O. Quaestio 101, a. 3

30 („[...] religio et pietas sunt duae virtutes"), Aquinatis, S. Thomae, a. a. O. Quaestio 101, a. 4

31 „Et ideo alia virtus est religio, quae cultum Deo exhibet, a pietate, quae exhibet cultum parentibus et patriae." Aquinatis, S. Thomae, a. a. O. Quaestio 101, a. 3

32 „observantia est praecipua post religionem." Aquinatis, S. Thomae, a. a. O. Quaestio 102, a. 3

kung des Religionsbegriffes, die sich auf den christlichen Glauben bezog, aufgegeben und der Begriff *religio* in dieser Funktion von *lex* bzw. *secta* durchweg verdrängt. Langsam kam der Terminus *religio naturalis* auf, der von verschiedenen Autoren unterschiedlich gebraucht wird, ohne dass sie zu einer einheitlichen Bedeutung kommen. Für Leibniz ist natürliche Religion eine reine und aufgeklärte Religion, die Christus als Stifter zum Gesetz gemacht hat. Im 18. Jh. wurde wie in keiner Epoche zuvor der Religionsbegriff thematisiert, problematisiert und neu bestimmt. Es entstehen auch neue Begriffe wie *Irreligion*, was Atheismus oder Religionsleugnung bedeutet, sowie *Privatreligion, Volksreligion*.[33] Trotz der Entstehung der neuen Religionsbegriffe bleiben auch „traditionelle Bestimmungen von <R.> als Verehrung Gottes in Kultus und Ritus."[34]

2.6 Bestimmung des Gottseligkeitsbegriffes im Pietismus

2.6.1 Der Gottseligkeitsbegriff bei Luther

Den Gottseligkeitsbegriff führt Luther ein, und besonders in Luthers Bibelübersetzung wird dieser Begriff von ihm festgelegt. Die substantivische Form *Gottseligkeit* wird von der adjektivischen Form *gottselig* abgeleitet. Im 16. Jh. werden diese in der protestantischen Literatur schnell übernommen.[35] Das Adjektiv *gottselig* wird weitgehend durch Luther bestimmt und anstelle des griechi-

---

33 vgl. Historisches Wörterbuch der Philosophie, a. a. O. S. 644 ff.

34 Historisches Wörterbuch der Philosophie, a. a. O. S. 653

35 vgl. Bahr, Joachim; Kochs Theodor und andere Mittarbeiter in den Arbeitsstellen des Deutschen Wörterbuches zu Berlin und Göttingen. Deutsches Wörterbuch von Jacob und Wilhelm Grimm. Band 8, Vierter Band I. Abteilung 5. Teil Glibber–Gräzist. Deutscher Taschenbuch Verlag. München 1984. S. 1410

schen Wortes ευσεβής verwendet.[36] Das Substantiv *Gottseligkeit* wird an der Stelle des griechischen Wortes ευσέβεια verwendet. Die Gottseligkeit hat ursprünglich im Protestantismus die Bedeutung von Frömmigkeit. Erst später wird die Bedeutung des Gottseligkeitsbegriffes näher bestimmt. Die reine Form der Frömmigkeit gründet in der Liebe zu Gott und hat ihren Zweck allein in der Ehre Gottes.[37] Luther verwendet den Ausdruck *Gottseligkeit* im zweiten Brief des Petrus, Kapitel 1, Zeilen 6 und 7, wobei danach die Gottseligkeit eine „fertigkeit, seine handlungen zur ehre gottes einzurichten“[38] ist. Das erste Gebot von Moses wird bei Luther Gottseligkeit, Gott zu fürchten, ihn zu lieben und ihm zu vertrauen.

Gottseligkeit kommt im Neuen Testament vor und wird von dem Begriff *Gottesfurcht*, der im Alten Testament auf Gesetzesfrömmigkeit, die auf Erfüllung des göttlichen Willens zielt, abgesetzt. Im 16. Jh. verwendet die Katholische Kirche Luthers Ausdruck *Gottseligkeit* und das Adjektiv *gottselig* nicht, obwohl sie stark von Luthers Bibelübersetzung abhängig war. Sogar im 17. Jh. wird *Gottseligkeit* sowie das zugrunde liegende Adjektiv *gottselig* nicht als mit *Frömmigkeit* identisch verstanden und allenfalls im Protestantismus allgemein beibehalten. Bei Kant wird der Ausdruck *Gottseligkeit* als Bezeichnung eines religiösen Wertbegriffes dem Bereich von *Frömmigkeit* und *Gottesdienst* zugeordnet und erhält eine leichte Abwertung dem moralischen Tugendbegriff gegenüber.[39]

---

36 vgl. Deutsches Wörterbuch von Jacob und Wilhelm Grimm, a. a. O. S. 1402

37 vgl. Deutsches Wörterbuch von Jacob und Wilhelm Grimm, a. a. O. S. 1410

38 Deutsches Wörterbuch von Jacob und Wilhelm Grimm, a. a. O. S. 1410

39 vgl. Deutsches Wörterbuch von Jacob und Wilhelm Grimm, a. a. O. S. 1410

2.6.2 Der Gottseligkeitsbegriff im 17. und 18. Jh.

Die *Pietismus* genannte Frömmigkeitsbewegung entstand im 16. Jahrhundert und breitete sich in Deutschland, England, den Niederlanden, der Schweiz, Osteuropa, Skandinavien und in den heutigen Vereinigten Staaten sowie dem restlichen Nordamerika aus. Der Pietismus ist im Protestantismus die bedeutendste Frömmigkeitsbewegung nach der Reformation. In Deutschland wurde der lutherische Pietismus zuerst durch Philipp Jacob Spener (1635) stark vertreten. Er galt als Gründer des *lutheranischen Pietismus*.[40] August Hermann Francke ist nach Spener, dessen Freund und Schüler er war, der bedeutendste deutsche Vertreter des *Hallischen Pietismus*. Francke vertritt die Meinung, dass der Mensch sich bekehren muss, indem er zur Sündenerkenntnis, also zur Buße, gebracht wird. Die diese Buße tun, können auf göttliche Gnade hoffen, aus der Gott dann den Glauben und die Gewissheit entstehen lassen kann, wenn er es will. Zwischen den Kindern Gottes oder, anders ausgedrückt, *gottseligen* Menschen und den anderen Menschen hat Francke scharf unterschieden.[41] „Die Glaubenden sind durch weitere Belehrung in der Gemeinschaft mit Gott, in der lebendigen Erkenntnis und in der Erfahrung des Kreuzes zu leiten."[42] Spener kam aus einem lutheranischen Elternhaus, studierte Theologie und hielt Predigten. Durch ihn wurde in Deutschland seit 1675 die Frömmigkeitsbewegung ausgelöst. Auf dem lutherischen Territorium im Reich hatte er größten Einfluss, so galt er für die Anhänger wie für die Gegner des Pietismus in Deutschland als die wichtigste Bezugsperson.[43]

---

[40] vgl. Brecht, Martin (Hrsg.): Der Pietismus von siebzehnten bis zum frühen achtzehnten Jahrhundert, Band 1. Geschichte des Pietismus. Vandenhoeck & Ruprecht. Göttingen 1993. S. 1 ff.

[41] vgl. Brecht, a. a. O. S. 450

[42] Brecht, a. a. O. S. 450

[43] vgl. Brecht, a. a. O. S. 279

Pietisten vertraten die Meinung, dass die Glaubenslehre einfach und verständlich für jeden Menschen sein muss. „Christsein wird als von Gott gewollte und gewirkte persönliche Existenzwende in Abkehr von der Sünde, als Bekehrung, Wiedergeburt und Heiligung verstanden."[44] Die Form der Kirche soll eine praktizierte Gemeinschaft bilden, die sich um Notdürftige und verlorene Menschen kümmern soll. Die humanistische Bereitschaft für Notleidende sowie die moralische Einstellung im inneren und äußeren Verhalten des Menschen soll zu einer Verbesserung der Weltverhältnisse führen. Das Hoffen auf eine bessere Welt, auf das baldige Kommen Christi und eine strenge Ethik ist im *Pietismus* stark vertreten.[45] Die Bedeutung und Auslegung der Heiligen Schrift steht in Mittelpunkt des *Pietismus*.

Was aber ist ein Pietist? Auf diese Frage hat der Poetikprofessor Joachim Feller 1689 ein Gedicht geschrieben. Der Ausdruck *Pietist* erhält darin seine Definition und wird seit dieser Zeit von den Gegnern und Vertretern des *Pietismus* in diesem Sinne übernommen.[46] Faller sagt, ein *Pietist* sei der, „der Gottes Wort studiert / und nach demselben auch ein heilig Leben führt / Das ist jawohl gethan / ja wol von jedem Christen Denn dieses machts nicht aus / wenn man / nach Retoristen und Disputanten Art / sich auf der Cantzel ziert. Und nach der Lehre nicht lebt heilig / wie gebührt / Die Pietät die muß voraus im Hertzen nisten."[47] Einen *Pietisten* kann sich der nennen, der ein frommes und heiliges Leben führt.

---

44 Brecht, a. a. O. S. 1

45 vgl. Brecht, a. a. O. S. 1 ff.

46 vgl. Schicketanz, Peter: Der Pietismus von 1675 bis 1800. Evangelische Verlagsanstalt. Leipzig 2001. S. 17

47 Peschke, Erhard (Hrsg.): August Hermann Franke: Schreibschriften. Texte zur Geschichte des Pietismus II, 1. Berlin, New York 1981. S.10

2.6.3 Der Gottseligkeitsbegriff bei Jean de Labadie und Gerhart Tersteegen

Jean de Labadie (1610) studierte Philosophie und Theologie und wurde 1638 zum Priester geweiht. Ein Jahr später verließ er den Jesuitenorden und wurde Weltpriester.[48] Er übte großen und gewaltigen Einfluss auf die Entwicklung und Ausbreitung des christlichen Lebens in der reformierten Kirche Deutschlands aus. Im Jahre 1661 konnte Spener während eines Aufenthalts in Genf Bekanntschaft mit dem reformierten Prediger Jean de Labadie machen. Spener war beeindruckt von Labadies Predigten und Sittenlehre.[49] Im Jahre 1727 hat Gerhart Tersteegen Labadies Buch „Manuel de piété“ das 1668 in lateinischer Sprache erschienen ist, unter dem Titel „Hand-Büchlein der wahren Gottseligkeit“ übersetzt. Das Buch „Manuel de Piété“ ist in zwei Teile gegliedert. Der erster Teil „Einige Christliche Pflichten und Erhebungen des Geistes zu Gott“ besteht aus fünfzehn Pflichten gegenüber Gott. Der zweite Teil „Zwölff Hauptstücke oder Evangelische Grund Regulen“ beinhaltet 12 Grundregeln des christlichen Lebens. Tersteegen (1697) hat selbst Lieder sowie Prosa geschrieben. Eine seiner Prosaschriften wurde 1734 von ihm selbst in vier Auflagen unter dem Titel „Weg der Wahrheit, die da ist nach der Gottseligkeit“ herausgegeben. Bei der Übersetzung von Labadies Buch schreibt Tersteegen selbst eine Vorrede dazu: „Von dem Wesen und Nutzen der wahren Gottseligkeit.“ Was ist wahre Gottseligkeit und woraus besteht sie? Darauf sagt Tersteegen: „Die wahre Gottseligkeit (eusébeia) ist der innerliche / vom heiligen Geist gewürckte / Stand oder Beschaffenheit und die daraus entspringende Beschäfftigung der Seelen / wodurch sie dem Dreieinigen GOtt wieder den Dienst und Ehre abstatet / der Ihme zukomt / und der Ihme einiger mas-

48 vgl. Schicketanz, a. a. O. S. 30

49 vgl. Brecht, a. a. O. S. 49 ff.

sen geziemend ist. Und besteht in kindlicher **Furcht** und Hochachtung; im herzlichen Vertrauen und **Glauben**; und in inniger Anklebung und **Liebe** Gottes."[50] Weil Gott aber selbst Geist ist, so „muß Ihm auch nothwendig nicht auf eine bloß äusserliche / ceremonialische und heuchlerische Weise / sondern innerlich / hertzlich / **im Geist und in der Wahrheit** gedient werden; wo es anderst auf eine ihm geziemende Weise geschehen soll."[51] Die wahre Gottseligkeit besteht in der Furcht, dem Glauben und der Liebe Gottes. Nach Labadie ist die Furcht des Herren der Grund und der Anfang der Weisheit. Furcht ist nichts anderes, so Labadie, „als eine ehrerbietige Liebe und liebreiche Ehrerbietigkeit gegen Gott / entstehende aus der Erkanntnuß (!) so man hat von ihm / aus dem Glauben den man hat in ihn / und aus der Hochachtung die man hat vor ihn. [...] Wer Gott fürchtet / der liebet Gott und hält ihn in Ehren [...] gehorsamet seinem Wort [...] liebet den Frieden / ist sanfftmüthig / ist demüthig / ist geduldig und ist gottselig [...]."[52]

Ein Gottseliger ist ein Mensch, der sich einerseits der Liebe zu Gott hingibt und andererseits Ehrfurcht vor Seiner Majestät hat. Ein gottseliger Mensch, der sich mit der ganzen Liebe Gott hingibt, d. h. sich von allen Menschen und seinem ego lossagt, wird durch **„die kräftige Wirkung der Gnade GOttes"** von seiner **„Sünde und Eigenheit"** befreit. Durch die Befreiung von seiner **„Sünde und Eigenheit"** wird er **„zum einen Geist"** oder **„mit GOtt ganz eins"** sein. „Dieses mit einander wird sonst in der Schrifft genannt / **ein Wandel vor GOtt** / vor seinem Angesicht, oder in seiner Gegenwart; und ist im Grunde nichts anders als die

---

50 Tersteegen, Gerhard (Hrsg.): Hand-Büchlein der wahren Gottseligkeit (1727). Übersetzung des „Manuel de Piété". Rheinland-Verlag. Köln 1997. (Vorrede) S. XX

51 Hand-Büchlein der wahren Gottseligkeit (1727), a. a. O. (Vorrede) S. XX

52 Hand-Büchlein der wahren Gottseligkeit (1727), a. a. O. S. 56 f.

wahre Gottseligkeit / der wahre Dienst GOttes oder Religion [..]."[53] „Mit Gott eins sein" kann der Mensch nur dann, wenn er sich von seinen Begierden, seinem egoistischen Streben nach einem reichen, bequemen, machtgierigen Leben lossagt. Demütig soll der Mensch sein, sagt Labadie. Das heißt „sich allerzeit und in allen Dingen erniedrigen [...] sich gering schätzen / niedrig halten / nicht nach hohen Dingen trachten [...]"[54], auf sich selbst verzichten, so demütig von Herzen sein, wie es Christus war. Nur dann, wenn der Mensch „von ganzem Herzen / von ganzer Seelen / von ganzem Gemüht / und allen Kräften"[55] Gott liebt, und nicht anderes außer Ihm, kann er hoffen „mit Gott ganz eins" zu sein. Wenn er sich in der Wahrheit so gewandelt hat, das heißt in seinem inneren Verhalten aus reiner Gesinnung umwandelt, dann entspringen aus seinem Inneren wahre tugendhafte Handlungen. Ein solcher Mensch ist ein wahrer gottseliger Mensch.[56] Diese Umwandlung kann in Befolgung der äußeren und inneren Pflichten geschehen. Diese Pflichten nennt Kant *Gnadenmittel*.[57]

---

53 Hand-Büchlein der wahren Gottseligkeit (1727), a. a. O. (Vorrede) S. XXVI

54 Hand-Büchlein der wahren Gottseligkeit (1727), a. a. O. S.146

55 Hand-Büchlein der wahren Gottseligkeit (1727), a. a. O. (Vorrede) S. XXV

56 vgl. Hand-Büchlein der wahren Gottseligkeit (1727), a. a. O. (Vorrede) S.XXVIII, f.

57 vgl. Band VI, a. a. O. S. 192, u. Hand-Büchlein der wahren Gottseligkeit (1727), a. a. O. (Vorrede) S. XXIX ff.

3 Begriffsbestimmungen

3.1 Tugendlehre

Die reine Moral enthält „bloß die notwendige sittliche Gesetze eines freien Willens [...] zu der eigentlichen Tugendlehre, welche diese Gesetze unter den Hindernissen der Gefühle, Neigungen und Leidenschaften, denen die Menschen mehr oder weniger unterworfen sind, erwägt [...].“[58] Die Tugendlehre (*Ethica*) enthält nur Pflichten. Der „Pflichtbegriff ist an sich schon der Begriff von einer Nötigung (Zwang) der freien Willkür durchs Gesetz, dieser Zwang mag nur ein äußerer oder ein Selbstzwang sein. Der moralische Imperativ verkündigt durch seinen kategorischen Ausspruch (das unbedingte Sollen) diesen Zwang, der also nicht auf vernünftige Wesen überhaupt (deren es etwa auch heilige geben könnte), sondern auf Menschen als vernünftige Naturwesen geht, die dazu unheilig genug sind, daß sie die Lust wohl anwandeln kann das moralische Gesetz, ob sie gleich dessen Ansehen selbst anerkennen, doch zu übertreten und, selbst wenn sie es befolgen, es doch ungern (mit Widerstand ihrer Neigung) zu tun, als worin der Zwang eigentlich besteht):“[59]

Weil aber der Mensch ein vernünftiges Naturwesen ist, so kann der Pflichtbegriff kein anderer als Selbstzwang sein.[60] Dem Menschen als vernünftiges Naturwesen ist das moralische Gesetz erst dann bewusst, wenn es sich hier um einen Zwang handelt, einer Pflicht zu folgen, wie durch den kategorischen Imperativ. Der ka-

---

58 Königlich Preußischen Akademie der Wissenschaften (Hrsg.): Kant´s gesammelte Schriften. Band III. Erste Abteilung. Dritter Band. Kritik der reinen Vernunft (2. Aufl.). Druck und Verlag von Georg Reimer. Berlin 1911. S. 77

59 Band VI, a. a. O. S. 379

60 vgl. Band VI, a. a. O. S.380

tegorische Imperativ[61] der Moral sagt: „Handle nur nach derjenigen Maxime, durch die du zugleich wollen kannst, daß sie ein allgemeines Gesetz werde"[62] Das oberste Prinzip der Tugendlehre ist: „Handle nach einer Maxime der Zwecke, die zu haben für jedermann ein allgemeines Gesetz sein kann. Nach diesem Princip ist der Mensch sowohl sich selbst als Andern Zweck, [...]. Den Menschen überhaupt sich zum Zwecke zu machen ist an sich selbst des Menschen Pflicht."[63] Während Kant uns sagt: dass der Mensch weder sich selbst noch andere bloß als Mittel gebrauchen darf, sondern sich selbst, wie auch andere als Zweck ansehen soll, vertritt Hobbes eine andere Theorie, nach welcher der Mensch den anderen auch als Mittel gebrauchen soll.[64] Tugendlehre ist der Teil der Pflichtenlehre, in welcher die innere Freiheit unter ein Gesetz gebracht wird.[65]

---

61 Pflichtgebote werden in Form des kategorischen Imperativs ausgedrückt. Kant nennt auch hypothetische Imperative. Solche Imperative gebieten nicht, sondern sind Ratschläge der Klugheit oder Regeln der Geschicklichkeit - zum Beispiel: „Wenn Du gesund bleiben willst, dann höre auf zu rauchen". Der inhaltliche Zweck ist hier, Gesundheit zu erhalten. Hypothetischer Imperativ wird in Form so genannter „Wenn-dann-Sätze" ausgedrückt. Sie sind durch Neigungen und Begierden bedingt. Neigungsbedingte Gebote sind nicht allgemein gültig, während moralische Imperative keine Ausnahme zulassen. Kategorische Imperative sind unbedingt. Sie sind nicht mit eigenen Interessen oder empirischen Antrieben bzw. Neigungen ausgestattet.

62 Königlich Preußischen Akademie der Wissenschaften (Hrsg.): Kant´s gesammelte Schriften. Band IV. Erste Abteilung. Vierter Band. Kritik der reinen Vernunft (1. Aufl.), Prolegomena, Grundlegung zur Metaphysik der Sitten, Metaphysische Anfangsgründe der Naturwissenschaft. Druck und Verlag von Georg Reimer. Berlin 1911. S. 421

63 Band VI, a. a. O. S. 395

64 Fetscher, Iring (Hrsg.): Thomas Hobbes, Leviathan oder Stoff, Form und Gewalt eines kirchlichen und bürgerlichen Staates. Übersetzt von W. Euchner. Suhrkamp.Frankfurt am Main 1988. S. 99 ff.

65 vgl. Band VI, a. a. O. S. 380

Was wird unter Zweck verstanden? „Zweck ist ein Gegenstand der Willkür (eines vernünftigen Wesens) durch dessen Vorstellung diese zu einer Handlung, diesen Gegenstand hervorzubringen, bestimmt wird."[66] Ich kann mir etwas zum Zweck machen, aber keiner kann mich dazu zwingen, einen Zweck zu haben, den ich mir selbst nicht zum Zwecke gemacht habe. Meine Handlungen können als Mittel einem Zweck dienen, den ich mir selbst zum Zwecke mache. In unserer praktischen Vernunft liegt außer dem formalen Bestimmungsgrunde der Willkür, nämlich der Zusammenstimmung meiner Maxime mit sich selbst, wenn ich sie zu einem allgemeinen Gesetz mache, auch der materiale Bestimmungsgrund der Willkür, nämlich die Verbindlichkeit, bestimmte Zwecke zu verfolgen. Dieser materiale Bestimmungsgrund der Willkür, einen bestimmten Zweck zu haben, kann dem Zweck aus sinnlichen Antrieben entgegengesetzt sein. Ein solcher Zweck ist Pflicht an sich selbst. Die Lehre desselben ist die Ethik, die selbst in ihren Begriffen den Selbstzwang nach moralischen Gesetzen mit sich führt. Deswegen kann die Ethik als System der Zwecke der reinen praktischen Vernunft definiert werden. Aus dem geht hervor, dass die Ethik eine Tugendlehre (doctrina officiorum virtutis) ist.[67]

3.2 Gottesbegriff

Der Religionsbegriff setzt nicht nur bei Kant, sondern auch bei vielen anderen Philosophen sowie Religionen einen absoluten Gesetzgeber voraus. In der christlichen Religion ist Gott *creator mundi*, der Schöpfer der Welt. In der Antike ist die Ursache alles Seins der unbewegte Beweger. Gott kann nur intelligibel gedacht wer-

66 Band VI, a. a. O. S. 381

67 vgl. Band VI, a. a. O. S. 381

den und muss als *ens extramundanum* angenommen werden.[68] Dadurch kann er nicht den „Gesetzen der Zufälligkeit und Abhängigkeit aller Erscheinungen unterworfen werden."[69] Gott ist *ens perfectissimum*, das vollkommenste Wesen überhaupt. Gott ist nach Kant „einig in seinem Wesen, einfach in seiner Substanz, ein Geist nach seiner Natur, ewig in seiner Dauer, unveränderlich in seiner Beschaffenheit, allgenügsam in Ansehung alles Möglichen und Wirklichen."[70]

Bei Kant ist Gott eine Idee, die sich an die Idee der Freiheit anschließt. Ich kann mir die Freiheit denken, die Vorstellung von der Freiheit enthält keinen Widerspruch in sich. Was für die Freiheit gilt, gilt auch für den Gottesbegriff. Der Begriff Freiheit ist aber ein Wirklichkeitsbegriff. Er ist nicht transzendentale Idee wie die Idee von Gott und Unsterblichkeit. Die Idee der Freiheit offenbart sich durch das moralische Gesetz. Sie ist die „einzige unter allen Ideen der spekulativen Vernunft, wovon wir die Möglichkeit a priori wissen, ohne sie doch einzusehen, weil sie die Bedingung des moralischen Gesetzes ist, welches wir wissen."[71] Die moralischen Gesetze gehören „allein zum praktischen Gebrauch der reinen Vernunft und erlauben keinen Kanon."[72] Die Idee von Gott ist „nicht Bedingung des moralischen Gesetzes, sondern nur Bedingung des nothwendigen Objekts eines durch dieses Gesetz bestimmten Wil-

---

68 vgl. Band III, a. a. O. S. 379

69 Band III, a. a. O. S. 379

70 Kant, Immanuel: Beweisgrund zu einer Demonstration des Daseins Gottes nebst den anderen kleineren Schriften zur Religionsphilosophie. Der II. Abteilung von Kant's Kleinen Schriften zur Ethik und Religionsphilosophie. Zweite Auflage durchgesehen von Friedrich Michael Schiele. Verlag der Dürr'schen Buchhandlung. Leipzig 1902. S.40

71 Königlich Preußische Akademie der Wissenschaften (Hrsg.): Kant´s gesammelte Schriften. Band V. Erste Abteilung. Fünfter Band. Kritik der praktischen Vernunft. Kritik der Urtheilskraft. Druck und Verlag von Georg Reimer. Berlin 1913. S. 4

72 Band III, a. a. O. S. 520

lens [...]."[73] Bei der Idee von Gott, Unsterblichkeit und Freiheit kommt immer ein Objekt dazu, „weil sie entweder in der notwendigen Willenbestimmung a priori enthalten, oder Gegenständen desselben unzertrennlich verbunden sind[...]."[74] „Der Begriff der Freiheit, so fern dessen Realität durch ein apodiktischen Gesetz der praktischen Vernunft bewiesen ist, macht nun den Schlußstein von dem ganzen Gebäude eines Systems der reinen, selbst der spekulativen, Vernunft aus, und alle anderen Begriffe (die von Gott und Unsterblichkeit), welche, als bloße Ideen, in dieser ohne Haltung bleiben, schließen sich nun an ihn an, und bekommen mit ihm und durch ihn Bestand und objektive Realität [...]."[75] Damit sagt Kant, daß die Möglichkeit des Daseins Gottes von der Realität der Freiheit abhängt. „Alle Möglichkeit setzt etwas Wirkliches voraus, worin und wodurch alles Denkliche gegeben ist."[76] Nach Kant ist der Begriff von Gott sowie Überzeugung von seinem Dasein in unserer praktischen Vernunft anzutreffen.

3.2.1 Der Begriff des *höchsten Guts*

Kants Religionauffassung geht aus „jener Dialektik hervor, in welche die Vernunft in theoretischen und vor allem praktischen Gebrauch unvermeidlich gerät, sobald sie einen Begriff von jenem Gesamtzusammenhang gewinnen will, innerhalb dessen uns die Gegenstände der Erfahrung begegnen." [77] Diese Dialektik kann aber nur durch die Postulate der reinen praktischen Vernunft vom Dasein Gottes und der Unsterblichkeit der Seele aufgelöst wer-

---

73 Band V, a. a. O. S. 4

74 Band V, a. a. O. S. 5

75 Band V, a. a. O. S. 3 f.

76 Beweisgrund zu einer Demonstration des Dasein Gottes nebst den anderen kleineren Schriften zur Religionsphilosophie. a. a. O. S. 33

77 Schaeffler, Richard: Religionsphilosophie. Verlag Karl Albert. Freiburg, München 1983. S. 65

den.[78] Die Postulate der reinen praktischen Vernunft sollen bei Kant nicht als Forderungen, sondern als Behauptungen aufgefasst werden. Diese Behauptungen können nicht bewiesen werden, aber sie sind Voraussetzungen für sittlich-moralisches Handeln und wirken praktisch-regulativ. Sie postulieren „die Möglichkeit eines Gegenstandes (Gottes und der Unsterblichkeit der Seele) selbst aus apodiktischen praktischen Gesetzen, also nur zum Behuf einer praktischen Vernunft [...]."[79]

Kant erläutert, wie in Anbetracht des höchsten Gutes, unsere reine praktische Vernunft das Dasein Gottes postuliert. Das *höchste Gut* ist denkbar. Es hat zwei verschiedene Elemente, die Sittlichkeit und die Glückseligkeit. Der Begriff des Höchsten enthält schon eine Zweideutigkeit.[80] „Das Höchste kann das Oberste (*supremum*) oder auch Vollendete (*consumatum*) bedeuten."[81] *Supremum* ist „diejenige Bedingung, die selbst unbedingt, d.i. keiner anderen untergeordnet ist (*orginarum*)."[82] Die oberste Bedingung ist die Sittlichkeit, die „als Würdigkeit glücklich zu sein, uns wünschenswert scheinen mag, mithin aller unserer Bewerbung um Glückseligkeit."[83] Sie ist das *oberste Gut*, aber nicht das *vollendete Gut*. Die Glückseligkeit ist „dasjenige Ganze, das kein Teil eines noch größeren Ganzen von derselben Art ist (*perfectisimum*)."[84] Es stellt sich nur die Frage, wie das *vollendete Gut* erreicht werden kann, wenn die Sittlichkeit allein nur das *oberste Gut* und nicht *vollendete Gut* ist? Kant ist der Meinung, dass das „ganze vollendete Gut" erst dann erreicht werden kann, wenn zur Sittlichkeit

---

78 vgl. Band V, a. a. O. S. 122 ff.

79 Band V, a. a. O. S. 11

80 vgl. Band V, a. a. O. S. 107

81 Band V, a. a. O. S. 107

82 Band V, a. a. O. S. 107

83 Band V, a. a. O. S. 107

84 Band V, a. a. O. S. 107

die Glückseligkeit erfordert wird.[85] „Die Sittlichkeit und Glückseligkeit[86] stehen nicht gleichrangig nebeneinander, sondern sind einander zugeordnet, wie Bedingung und Bedingtes“[87] und ihre Vereinigung ist das höchste Gut (*summum bonum*). Die Existenz Gottes als Ursache, die keine andere Ursache hat, außer sich selbst ist das „ursprüngliche höchste Gut, (welches Objekt unseres Willens mit der moralischen Gesetzgebung, der reinen Vernunft nothwendig verbunden ist) notwehndig gehörig, postulieren.“[88]

3.2.2 Der Gottseligkeitsbegriff bei Kant

Es wurde gezeigt, dass die Vertreter des Pietismus unterschiedliche Definitionen über den Begriff *Gottseligkeit* und *Gottseliger Mensch* aufstellten. Wenden wir uns nun der kantischen Gottseligkeitslehre zu. Hier kann zunächst natürlich die Frage auftauchen: Was hat Pietismus mit Kant zu tun?

Kant wuchs in einem pietistischen Elternhaus auf. Beide Eltern waren überzeugte Pietisten, und erzogen ihre Kinder im pietistischen Glauben. Kant wurde besonders von seiner Mutter stark beeinflusst. Er besuchte das *Collegium Fredericianum*, eine pietistische

---

85 vgl. Band V, a. a. O. S. 107

86 Die Glückseligkeit anderer ist eine bedingte Pflicht und kann nicht zum obersten Prinzip der Maximen dienen. Zum Beispiel: „Was Du nicht willst, das man Dir tu, das füg auch keinem andern zu.“ Das ist eine Regel, die nicht auf dem Sittengesetz beruht. Sie ist nicht moralisch begründet. Diese Regel stellt die Glückseligkeit dar. Der Wille muss sich nach dem kategorischen Imperativ richten. Eine Handlung muss, bevor sie ausgeübt wird, nach den moralischen Gesetzen erwogen worden sein und mit ihnen im Einklang stehen. Ziel ist dabei die Erreichung der Glückseligkeit. Es sollen also beide Tendenzen des Handelns, jene zur Glückseligkeit und jene zum kategorischen Imperativ in Einklang gebracht werden.

87 Wimmer, Reiner: Kants kritische Religionsphilosophie. Walter de Gruyter, Berlin, New York 1990. S. 27

88 Band V, a. a. O. S. 108

Schule in Königsberg. Daher ist es schon richtig, wenn viele Kritiker der Ansicht sind, das der vorkritische Kant durch den Pietismus beeinflusst war. Ich bin der Meinung, dass sich der kritische Kant nicht mehr von den Gründern des Pietismus beeinflussen ließ, denn Kants Religion ist moralische Vernunftreligion.

Kants Gottseligkeitslehre drückt im objektiven Sinn die Bedeutung des Wortes *religio* aus.[89] Die Gottseligkeit (pietas) ist die moralische Gesinnung im Verhältnis zu Gott. Sie enthält zwei Bestimmungen:

a. Furcht Gottes; und
b. Liebe Gottes

a. Furcht Gottes ist moralische Gesinnung „in Befolgung seiner Gebote aus schuldiger (Unterthans-) Pflicht, d. i. aus Achtung fürs Gesetz."[90]

b. Liebe Gottes ist moralische Gesinnung aus „eigener freier Wahl und aus Wohlgefallen am Gesetze (aus Kindespflicht)"[91]

Bei beiden Bestimmungen wird der Bezug auf Gott vermittelt durch die Moralität. Bohatec sagt, dass Kant in Anschluss an Stapfer die zwei Bestimmungen des Gottseligkeitsbegriffes entwickelt. Er ist auch der Meinung, dass Kant bei seiner Ins-Verhältnissetzung von Tugendlehre und Gottseligkeitslehre auf Charrons Bestimmung des Verhältnisses von *pieté* und *preudhomie* zurückgreift.[92]

---

89 vgl. Band VI, a. a. O. S.182

90 Band VI, a. a. O. S. 182

91 Band VI, a. a. O. S. 182

92 vgl. Bohatec, Josef: Religionsphilosophie Kants in der *Religion innerhalb der Grenzen der bloßen Vernunft*, Georg Olms Verlagsbuchhandlung. Hildesheim 1966. S. 521 f.

4 Der Religionsbegriff bei Kant

4.1 Verschiedene Aspekte des Religionsbegriffs bei Kant

Es wurde bereits gezeigt, welche Schwierigkeiten in der Geistesgeschichte vorlagen, überhaupt den Religionsbegriff zu bestimmen. Eine einheitliche Definition des Begriffes zu finden, ist nicht gelungen. Hier möchte ich zeigen, unter welchen unterschiedlichen Aspekten Kants Religionsbegriff steht.

4.1.1 Allgemeine Begriffsbestimmung der geoffenbarten Religion und natürlichen Religion

Geoffenbarte Religion (*religio revelata*) ist die Religion, die eine Offenbarung benötigt. In der geoffenbarten Religion muss ich vorher wissen „daß etwas ein göttliches Gebot sei, um es als meine Pflicht anzuerkennen [...]."[93] Die natürliche Religion ist die Religion, „in der ich zuvor wissen muß, daß etwas Pflicht sei, ehe ich es für ein göttliches Gebot anerkennen kann, [...]."[94]

Geoffenbarte Religion unterscheidet sich von einer natürlichen Religion durch ihre innere Beschaffenheit. Während die natürliche Religion durch Vernunft zu einer übernatürlichen Erkenntnis kommt, ist eine geoffenbarte Religion durch heilige Bücher gekennzeichnet. Gäbe es die heiligen Bücher als Urkunden nicht, so würde die geoffenbarte Religion aus der Welt verschwinden. Wenn die Bibel, der Koran oder die Talmud-Bücher in der ganzen Welt vernichtet werden, dann werden sich das Christentum, die moslemische sowie die jüdische Religion abschwächen, wenn nicht gar irgendwann absterben. Die beiden einzigen Wege, auf welchen sie ihren Glauben weiter verbreiten könnten, sind die, dass sie von Zeit zu Zeit öffentlich die Offenbarung wiederholen

---

93 Band VI, a. a. O. S.154

94 Band VI, a. a. O. S.154

oder dadurch, dass in jedem Menschen eine kontinuierliche, fortdauernde übernatürliche Offenbarung vorgeht.[95] Eine geoffenbarte Religion enthält auch gewisse Prinzipien der natürlichen Religion. „Denn Offenbarung kann zum Begriff einer Religion nur durch die Vernunft hinzugedacht werden, weil dieser Begriff selbst, als von einer Verbindlichkeit unter dem Willen eines moralischen Gesetzgebers abgeleitet, ein reiner Vernunftbegriff ist."[96] Aus diesen Gründen kann eine geoffenbarte Religion einerseits als natürliche und anderseits als gelehrte Religion betrachtet werden.[97]

4.1.2 Eine natürliche Religion kann auch in einer geoffenbarten Religion ihren Ausdruck finden.

Kant sowie Leibniz, Bodin, Reimarus, Mendelssohn und anderen Zeitgenossen haben sich mit der Begriffsbestimmung der natürlichen Religion befasst. Erst Kant stellt die natürliche Religion in kritischer Differenziertheit dar, so dass die Unsterblichkeit der Seele, die Existenz und die Eigenschaften Gottes durch den praktischen Vernunftgebrauch vorausgesetzt werden und nicht durch theoretischen Beweise einer *Theologia naturalis* beweisbar sind, wie noch manche Zeitgenossen Kants es behaupten. Religion ist nach Reimarus eine lebendige Erkenntnis von Gott, und wenn diese Erkenntnis durch die natürliche Kraft der Vernunft gekommen ist, dann ist das natürliche Religion.[98] Nach Reimarus ist die natürliche Religion diejenige, die keine Rücksicht auf die Offenbarung nimmt. Bei Kant jedoch kann die natürliche Religion auch mit ei-

---

95 vgl. Band VI, a. a. O. S. 156

96 Band VI, a. a. O. S. 156

97 vgl. a. a. O. Band VI, S. 156

98 vgl. Gawlick, Günter (Hrsg.): Hermann Samuel Reimarus. Die vornehmsten Wahrheiten der natürlichen Religion. Band I. Vandenhoeck & Ruprecht. Göttingen 1985. S. 69

ner Offenbarungsreligion übereinstimmen, wenn sie so beschaffen ist, dass die Menschen durch den bloßen Gebrauch ihrer Vernunft sie als Ausdruck einer Vernunftreligion erkennen können. Wenn die Menschen durch ihre Vernunft zu einer Religion kommen, diese einführen und bekannt geben, indem sie andere Mitmenschen davon überzeugen, die wiederum durch ihre eigene Vernunft diese als Wahrheit anerkennen, dann ist in diesem Falle die Religion objektiv eine natürliche, kann aber subjektiv ihren Ausdruck finden in einer geoffenbarten Religion. Weil sie aber, wenn man sie objektiv betrachtet, eine natürliche Religion ist, darf sie berechtigterweise auch so bezeichnet werden.[99]

4.2 Die christliche Religion als *gelehrte Religion*

Die *gelehrte Religion* (*religio docta*) ist die Religion, die den Menschen eine Lehre über Gott vermittelt und sie davon überzeugt. Kant wählt die christliche Religion als ein Beispiel einer *gelehrten Religion*. Sie geht nicht vom ersten Ursprung aus, sondern sie ist nach ihrer Beschaffenheit allgemein mitteilbar.[100] Sofern sie die „Glaubensätze als nothwendig vorträgt, die nicht durch die Vernunft als solche erkannt werden können, gleichwohl aber doch allen Menschen auf alle künftige Zeiten unverfälscht (dem wesentlichen Inhalt nach) mitgetheilt werden sollen, so ist sie (wenn man nicht ein continuirliches Wunder der Offenbarung annehmen will) als ein der Obhut der Gelehrten anvertrautes heiliges Gut anzusehen."[101]

---

99 vgl. Band VI, a. a. O. S. 156

100 vgl. Band VI, a. a. O. S. 155

101 Band VI, a. a. O. S. 163

4.2.1 Christlicher Glaube

200 Jahre nach Thomas von Aquins Tod befasst sich der Theologe und Reformator Martin Luther mit dem Religionsbegriff. Er grenzt Religion auf den christlichen Glauben, indem er sagt: „Ich nehme das Wort R. jtzt an, da es heisse den gemein Christlichen Glauben."[102] Luther bezieht *Religion* auf den christlichen Glauben: „Credere Christo et affici adfectibus dulcibus contra pauperem ... haec es nostra et Christiana religio. Deinde si crux accesserit est absoluta religio Cristiana."[103] „(An Christus glauben und von Liebe gegen die Arme angeregt zu werden, das ist unsere christliche R. Wenn das Kreuz hinzukommt, so ist es die absolute christliche R.)."[104]

Kant vertritt das Gegenteil von Luther. Er ist der Meinung, dass der christliche Glaube nicht christliche Religion heißen soll, insofern die christliche Lehre, nicht auf bloßen Vernunftbegriffen aufgebaut ist, sondern auf Fakten. Insofern sie auf Tatsachen beruht, heißt sie nicht christliche Religion, sondern christlicher Glaube. Der christliche Glaube wird einer Kirche zugrunde gelegt und ihr Dienst ist zweiseitig. Zweiseitig deswegen, weil in der christlichen Kirche einerseits dem historischen Glauben der Dienst geleistet wird. Anderseits wird ihr Dienst auf den praktischen und moralischen Vernunftglauben ausgerichtet. Der Dienst einer solchen Kirche, die den christlichen Glauben vertritt, kann nicht nur aus dem historischen Glauben geleistet werden, sie braucht das Praktische und den moralischen Vernunftglauben dazu, wenn sie ein gelehrter Glaube ist. Der christliche Glaube, als gelehrter Glaube, stützt sich auf die Geschichte des Neuen Testaments und ist dadurch,

---

102 Luther, Martin: Von den Konziliis und Kirchen (1539). Weimarer Ausgabe 50. S. 532

103 Luther, Martin: Anotat. In Ep. Ad Titum (1527). Weimarer Ausgabe 25. S. 11

104 Historisches Wörterbuch der Philosophie, a. a. O. S. 642

was die Gelehrsamkeit angeht, kein an sich freier Glaube, der von theoretischen Beweisgründen abgeleiteter Glaube (*fides elicita*) ist. Wiederum kann er nicht nur mit praktischem und moralischem Vernunftglauben auskommen, weil er eine *fides historice elicta* ist.[105] Er besteht also nicht aus einem reinen Vernunftglauben, der von jedem Menschen als frei angenommen (*fides elicita*) betrachtet werden kann. Als ein reiner Vernunftglaube „würde er, obwohl die moralischen Gesetze, worauf er, als Glaube an einen göttlichen Gesetzgeber gegründet ist, unbedingt gebieten, doch als freier Glaube betrachtet werden müssen[..]"[106] Wenn er für jeden Menschen, auch für Ungelehrte, gelten soll, so ist er ein gebotener Glauben und folgt dem Gebot blind. Das heißt, dass man ein göttliches Gebot nicht dahingehend untersucht, ob es auch wirklich eines ist, und somit kann dieser Glauben auch als gehorchender Glaube (*fides servilis*) angesehen werden. Der christliche Glaube kann einerseits als reiner Vernunftglaube, der von jedem frei angenommen wird (*fides elicita*), betrachtet werden. Anderseits kann er als Offenbarungsglaube (*fides statutaria*), der als gebotener Glaube (*fides imperata*) und nicht als unbedingter Glaube besteht, betrachtet werden. Wäre er nur letzteres, dann wäre er nicht bloß *fides imperata*, sondern sogar *servilis*. Indem die *Gelehrsamkeit* die christliche Lehre auf beides bezieht, entspricht ihr eine *fides historice elicita*.[107]

---

105 vgl. Band VI, S.164

106 Band VI, a. a. O. S. 164

107 vgl. Band VI, a. a. O. S.164

4.3 Kants Begriff der *statutarischen* Religion

4.3.1 Der Begriff Afterdienst

„Unter einem Afterdienst (cultus spurius) wird die Überredung jemanden durch solche Handlungen dienen verstanden, die in der That dieses seine Absicht rückgängig zu machen."[108] Diesen Begriff möchte ich hier zunächst anhand eines Beispiels verdeutlichen. x will Access-Programmierung lernen und y unterrichtet ihn. y verwendet eine Lehrmethode, die für x nicht von Nutzen ist, denn er kann Access-Programmierung nach der Methodetechnik, die y anwendet nicht begreifen. Weil x nichts dabei gelernt, dennoch aber viel Zeit verloren hat, so hat y zwar x gedient, aber dieser Dienst war Afterdienst. Wenn y der Meinung ist, dass die von ihm angewandten Mittel zur Erklärung der Access-Programmierung von x genauso geschätzt werde müsse wie ein für x tatsächlich erfolgreicher Unterricht, so macht diese Überredung die Anwendung der Mittel zu einem Afterdienst.

4.3.2 Afterdienst in einer statutarischen Religion

Wenn der Offenbarungsglaube vor der Religion vorhergeht, dann ist das nicht der wahre Dienst der Kirche sondern *Afterdienst*, „wodurch die moralische Ordnung ganz umgekehrt und das, was nur Mittel ist, unbedingt (gleich als Zweck) geboten wird."[109] Der Glaube an Sätze würde zur absoluten Pflicht gemacht (*fides imperata*). Bei solchem Glauben kann sich der Ungelehrte weder durch Vernunft noch durch die Schrift dieser Sätze vergewissern. Ein solcher Glaube wird mit den verbundenen *Observanzen* zum Rang eines als *Frohndienst* selig machenden Glaubens erhoben. Eine solche Kirche hat gebietende hohe Beamte (*officiales*), die sich als berufene Ausleger der Heiligen Schrift halten. Aus der Heiligen

---

108 Band VI, a. a. O. S. 153

109 Band VI, a. a. O. S. 165

Schrift rauben sie die reine Vernunftreligion, die eigentlich auch die höchste Auslegerin der Heiligen Schrift ist, und bedienen sich ihrer weil sie diese nur zum Behuf ihres Kichenglaubens benötigen. Auf diese Art beherrschen sie die Glieder der Kirche, statt ihr zu dienen, und so verwandeln sie den Dienst der Kirche bzw. *ministerium* in *imperium*.[110] „Nur in einer geschichtlich erscheinenden Kirche mit ihren verschiedenen Formen“[111] kann es solche *Statuten* geben, die als göttlich gehaltene Verordnungen gelten, die für „unsere reine moralische Beurtheilung willkürlich und zufällig sind“.[112] Der statutarische Glaube ist aber nur auf ein Volk eingeschränkt, dem dieser Glauben zugehörig ist. Ein solcher Glaube kann aber nicht die allgemeine Weltreligion darstellen. Wenn man einen solchen *statutarischen* Glauben für wesentlich zur Dienste Gottes“ hält und ihn zum „obersten Bedingung des göttlichen Wohlgefallens am Menschen macht, dann ist dies ein Religionswahn[113], dessen Befolgung ein Afterdienst ist. Ein solcher Dienst Gottes enthält eine vermeintliche Verehrung Gottes, wodurch dem wahren, von ihm selbst geforderten Dienste gerade entgegen gehandelt wird.[114]

4.3.3 Anthropomorhismus als Ursache des *Religionswahnes*

Die wahre Religion „enthält nichts als Gesetze, d. i. solche praktische Principien, deren unbedingter Nothwendigkeit wir uns be-

---

110 vgl. Band VI, a. a. O. 165

111 Bohatec, a. a. O. S. 507

112 Band VI, a. a. O. 168

113 Der „Wahn ist die Täuschung, die bloße Vorstellung einer Sache mit der Sache selbst für gleichgeltend zu halten“ (Band VI, S.168) Bohatec ist der Meinung, dass Kant, den Ausdruck „Religionswahn“ in Anschluß an Reinhard gebildet hat. „Dieser spricht von einem der Sittlichkeit und Wohlfahrt nachteiligen Wahnglauben, den er bei barbarischen Völkern findet.“ (Bohatec, a. a. O. S. 507)

114 Vgl. Band VI, a. a. O. S. 168

wußt werden können, die wir also als durch reine Vernunft (nicht empirisch) offenbart anerkennen."[115] Dass der Mensch von den moralischen Gesetzen, die durch Vernunft begründet sind, abweicht und zum *Religionswahn* neigt, liegt daran, dass der Mensch zum Anthropomorphismus neigt. Der Anthropomorphismus ist für unsere Moralität höchst gefährlich, weil der Mensch sich dort einen Gott schafft, von dem er zu wissen glaubt, wie er ihn am leichtesten für seinen Vorteil gewinnen kann.[116] Kant sagt, dass es nicht verwerflich sei zu sagen, dass „ein jeder Mensch sich ein Gott mache[117], ja nach moralischen Begriffen [...] sich einen solchen selbst machen müsse, um an ihm den, der ihn gemacht hat, zu verehren."[118] Der Mensch kann seine eigene Vorstellung über Gott haben, das ist nicht verwerflich, aber seine Vorstellung über das höchste Wesen muss er mit „seinen Ideal zusammen halten, um zu urtheilen, ob er befugt sei, es für eine Gottheit zu halten und zu verehren. Aus bloßer Offenbarung, ohne jenen Begriff vorher in seiner Reinigkeit, als Probirstein, zum Grunde zu legen, kann es also keine Religion geben, und alle Gottesverhrung würde *Idololatrie*[119] sein."[120] Denkt der Mensch, er könne Gott Dienste leisten durch Zeremonien, Gabenopfer, durch Spielveranstaltungen, Wohlfahrten oder irgendeine andere Art des egoistischen menschlichen Dranges, um Gott wohlgefallen zu müssen, widerstreitet er der

115 Band VI, a. a. O. S. 167 f.

116 vgl. Band VI, a. a. O. S. 168

117 Bohatec sagt, dass diese Aussage Kants über in der „Religion innerhalb der Grenzen der bloßen Vernunft" ihm von den modernen Neuplatonikern (Schlosser, Stolberg) übel genommen wurde. (vgl. Bohatec, a. a. O. S. 508)

118 Band VI, a. a. O. S.168, f.

119 Die Idololatrie ist „ein abergläubischer Wahn, dem höchsten Wesen sich durch andere Mittel, als durch eine moralische Gesinnung, wohlgefällig machen (zu) können." (Band V, a. a. O. S. 459)

120 Band VI, a. a. O. S. 169

Moralität. Das hat keinen moralischen Wert, sondern ist nur als Mittel zu bewerten, das „sinnliche Vorstellungsvermögen zur Begleitung intellectueller Ideen des Zwecks zu erhöhen."[121] Hier besteht der Religionswahn darin, dass man diesem Verfahren in unserer Meinung den Wert des Zweckes selbst beilegt der „Stimmung des Gemüths zur Empfänglichkeit Gott ergebener Gesinnung (Andacht genannt) den Werth der letzteren."[122] Ein solcher Religionswahn kann allerlei Formen annehmen, „in deren einer er der moralischen ähnlicher sieht, als in der anderen, der aber in allen nicht eine bloße unvorsetzliche Täuschung, sondern sogar eine Maxime ist, dem Mittel einen Werth an sich statt des Zwecks beizulegen, da denn vermöge der letztern dieser Wahn unter allen diesen Formen gleich ungereimt und als verborgene Betrugsneigung verwerflich ist."[123] Die gläubigen Menschen, die dem moslemischen, christlichen, buddhistischen, jüdischen oder irgendeinem anderen Glauben angehörig sind, glauben fest daran, dass sie mit Andachten etwas Gutes tun, zu Gottes Wohlgefallen, und hoffen, dadurch ins Himmelreich zu kommen. Sie tun Bußen oder sie beten, weil sie Gott aus ihrer eigenen Sicht unterwürfig sein möchten. Sie glauben, dass sie von ihren angeborenen Sünden befreit werden, wenn sie die Sakramente empfangen. Zur Andacht Gottes fasten viele Menschen tagelang, bis ihr Körper so erschöpft ist, dass sie krank werden, nur um ein gottgefälliger Mensch zu werden. Selbst die Mönche oder Nonnen, die ihre eigene Person aufopfern, indem sie sich für die Welt verloren machen, bringen alles, nur nicht ihre „moralische Gesinnung dar."[124] „Ob der Andächtler seinen statutarischen Gang zu Kirche, oder ob er eine Wallfahrt nach den Heiligthümern in Loretto oder Palestina an-

121 Band VI, a. a. O. S. 169

122 Band VI, a. a. O. S. 170

123 Band VI, a. a. O. S. 170

124 Band VI, a. a. O. S.172

stelt, oder wie der Tibetaner [...] es durch ein Gebet-Rad an die himlische Behörde bringt, oder was für ein Surrogat des moralischen Dienstes Gottes es auch immer sein mag, das ist alles einerlei und von gleichen Werth."[125] Alles, was der Mensch außer dem guten Lebenswandel „noch thun zu können vermeint, um Gott wohlgefällig zu werden, ist bloßer Religionswahn und Afterdienst Gottes."[126]

4.3.4 Schwärmerei[127] und Aberglaube

Kant unterscheidet zwei Arten des *Religionswahns*:

a. religiöser Aberglaube
b. religiöse Schwärmerei

a. „Der Wahn, durch religiöse Handlungen des Cultus etwas in Ansehung der Rechtfertigung vor Gott auszurichten, ist der religöse *Aberglaube*."[128] Dieser Religionswahn heißt abergläubischer Wahn, weil der Mensch sich durch die Handlungen, das Bekenntnis statutarischer Glaubensätze, die Beobachtung kirchlicher Observanz und Zucht, Gott wohlgefällig machen will und nicht das moralische Gesetz wählt, welches allein für die Menschheit sittlich gut ist. Durch diese Mittel kann er

---

125 Band VI, a. a. O. S. 173

126 Band VI, a. a. O. S. 170

127 Die Schwärmerei ist die „Überredung, Wirkungen der Gnade von denen der Natur (der Tugend) unterscheiden, oder sie wohl gar in sich hervorbringen zu können" (Band VI, a.a.O.S.174)

„Der Schwärmer redet nur von unmittelbarer Eingebung und vom beschaulichen Leben, indessen daß der Abergläubische vor den Bildern großer wunderthätiger Heiligen Gelübde thut und sein Zutrauen auf die eingebildete und unnachahmliche Vorzüge anderer Person vor seiner eigenen Natur setzet." (Königlich Preußliche Akademie der Wissenschaaften (Hrsg.): Kant´s gesammelte Schriften. Band XX. Dritte Abteilung. Handschriftlicher Nachlaß. Siebenter Band. Walter de Gruyter & Co. Berlin und Leipzig 1942. S. 159)

128 Band VI, a. a. O. S. 174

nichts sittlich Gutes bewirken.[129] Dieser Wahn ist zufälligerweise mit der Vernunft dadurch verwandt, dass es das, „was bloß Mittel sein kann, zum unmittelbar Gott wohlgefälligen Gegenstande macht," und kann für manchen Menschen tauglich sein, „den Hindernissen einer Gott wohlgefälligen Gesinnung entgegen zu wirken." [130]

b. Der Wahn, etwas „durch Bestrebung zu einem vermeintlichen Umgangen mit Gott bewirken zu wollen"[131] ist religiöse *Schwärmerei*. Religionswahn heißt schwärmerisch, „wo sogar das eingebildete Mittel, als übersinnlich, nicht in dem Vermögen des Menschen ist, ohne noch auf die Unerreichbarkeit des dadurch beabsichtigten übersinnlichen Zwecks zu sehen; denn dieses Gefühl den unmittelbaren Gegenwart des höchsten Wesens und die Unterscheidung desselben von jedem anderen, selbst dem moralischen Gefühl wäre eine Empfänglichkeit einer Anschauung, für die in der menschlicher Natur keinen Sinn ist."[132] Ein Beispiel dafür ist die so genannte *Christus-Gemeinde*, in der manche Menschen sich einbilden, Gott spreche durch sie. Wie Wahnsinnige blabbeln sie irgendwelche Wörter und behaupten, Gott hätte durch sie dieses und jenes offenbart. Alles was ihrem *Religionswahn* nicht entspricht, ist gegen Christus gerichtet und mithin teuflisch. Der Religionswahn ist besonders gefährlich und ist „der moralische Tod der Vernunft, ohne die gar keine Religion, als welche alle Moralität überhaupt auf Grundsätze gegründet werden muß, statt finden kann."[133]

---

129 vgl. Band VI, a. a. O. S. 174

130 Band VI, a. a. O. S. 175

131 Band VI, a. a. O. S. 174

132 Band VI, a. a. O. S.175

133 Band VI, a. a. O. S.175

4.3.5 Pfaffentum

Pfaffenthum ist „die Verfassung einer Kirche, sofern in ihr ein *Fetischdienst* regiert, welches allemal da anzutreffen ist, wo nicht die Prinzipien der Sittlichkeit, sondern statutarische Gebote, Glaubensregeln und Observanzen die Grundlage und das Wesentliche derselben ausmachen."[134] *Fetischdienst* ist eine Art Gottesdienst[135]. Bei manchen Kirchenformen ist *Fetischdienst* so vielfältig und mechanisch, dass sie dadurch Moralität sowie Religion fast verdrängen und an ihrer Stelle den Platz einnehmen wollen. So grenzen sie mit ihrem *Fetischmachen* sehr nahe an das Heidentum. Wenn bei solchen Kirchenformen ihr oberstes verbindendes Prinzip „die gehorsame Unterwerfung unter eine Satzung als Frohndienst, nicht aber die freie Handlungen auferlegt, [...] so ist das immer ein Fetischglaube, durch den die Menge regiert und durch den Gehorsam unter eine Kirche (nicht der Religion) ihrer moralischen Freiheit beraubt wird."[136] Die Konstitution einer solchen Kirche ist und bleibt despotisch, unabhängig davon, ob die Verfassung ihrer Organisation demokratisch oder aristokratisch sei. In den, Kirchenformen wo Statuten des Glaubens zum Konstitutionalgesetz gezählt werden, da hat der Klerus die Herrschaft.[137] Er stellt sich auf die höchste Stufe der Herrschaft, indem er „als einzig autorisierter Bewahrer und Ausleger des Willens des unsichtbaren Gesetzgebers die Glaubensvorschrift ausschließlich zu verwalten die

---

134 Band VI, a. a. O. S.179

135 Winter sagt, dass Kant nicht im Gottesdienst selbst das eigentliche Problem sieht, „auch nicht in seiner unvermeidlichen sichtbaren Gestaltung an sich, sondern allein in der 'Gefahr der Missachtung', die für Kant allerdings einen sehr hohen Stellenwert hat vor dem Hintergrund der von ihm geforderten letzten Aufrichtigkeit und Redlichkeit vor Gott" (Winter, Aloysius: Der andere Kant. Zur philosophischen Theologie Immanuel Kants. Mit einem Geleitwort von Norbert Hinske. Georg Olms Verlag. Hidelsheim, Zürich, New York 2000. S. 123 f.)

136 Band VI, a. a. O. S.180

137 vgl. Band VI, a. a. O. S.180

Autorität hat und also, mit dieser Gewalt versehen, nicht überzeugen, sondern nur befehlen darf."[138] Alle diejenigen Menschen, die nicht zum Klerus gehören, sind als Laien anzusehen. Auf diese Art und Weise verschafft sich die Kirche die Macht über einen Staat, den sie zuletzt auch beherrscht, denn selbst das Oberhaupt eines Staates ist auch als Laie anzusehen. Eine solche Herrschaft über einen Staat erringt sie nicht durch Gewalt, sondern durch ihren Einfluss auf die Gemüter. In einem Staat, in dem der Klerus Macht hat, haben die anderen Menschen sich dem Klerus gehorsam zu unterstellen. So wurde auch ein guter moralischer Mensch zum Tode oder Verbannung verurteilt, wenn er sich gegen die Grundsätze des Klerus geäußert hat. So wurde Galileo Galilei wegen seiner Behauptung, dass die Erde eine Kugel sei und keine Scheibe, wie es der Klerus glaubte, zur Folter verurteilt. Erst Heute entschuldigte sich das Oberhaupt der katholischen Religion, Papst Johannes Paul der Zweite, für diese Übeltat, obwohl schon längst bewiesen ist, dass unser Himmelskörper keine Scheibe ist. Unzählige Übeltaten können katholischen als auch anderen Kirchenformen, die eine Macht in einem Staate haben, zugezählt werden.

Im Jahre 1492, entdeckte Kolumbus Amerika. Diese Entdeckung hat in der Tat ihren Jubel verdient. Diese Entdeckung war aber auch der Anfang einer der größten Menschenvernichtungen überhaupt, die hier im Namen der spanischen Krone und des katholischen Klerus durchgeführt wurden. Die besessenen Spanier richteten das größte Massaker aller Zeiten an, indem sie 70 Millionen Menschenleben auslöschten. Damit haben sie das Volk der Indianer vernichtet, was alles im Namen des Christentums und im Namen Christi geschah.[139]

---

138 Band VI, a. a. O. S.180

139 vgl. Trepp, Leo: Die Juden – Volk, Geschichte, Religion. rororo. Reinbek bei Hamburg 1987. S. 45

Es stellt sich nur die Frage, ob eine solche Kirchenform verboten werde müsste, da sie nicht als friedenstiftende angesehen werden kann. Sie vertritt auf der Erde den Willen des unsichtbaren Gesetzgebers (Gott), indem sie sich so behauptet, und dabei verspottet und missachtet sie durch ihre habgierige Herrschaft das universale moralisches Gesetz, das für jeden Menschen, also auch den Klerus, gültig ist. Sie schmückt sich mit dem christlichen Namen und dabei missachtet und übertritt sie die moralische Religion Christi.

Eine solche Religion darf wenigstens nicht *christliche Religion* heißen, deren sie sich in der Geschichte bis zur Gegenwart nicht würdig erwiesen hat. Im Zweiten Weltkrieg unterstützte sie Hitlers Krieg und damit auch seine Rassen-Ideologie, hinter der die Absicht stand, das Volk der Juden zu vernichten, denn Hitler wollte die Herrschaft einer rein arischen Rasse auf der Erdkugel haben. Mit dieser Absicht hatte er erst Juden vernichten wollen, um danach, wenn es ihm gelungen wäre, die anderen Völker, die keine arischen Merkmale haben, zu unterjochen. Im Jahre 1938 verkündet Hitler „vor dem Reichstag und über Funk und Presse vor dem Volk: 'Wenn es dem internationalen Finanzjudentum innerhalb und außerhalb Europas gelingen sollte, die Völker noch einmal in einen Weltkrieg zu stürzen, dann wird das Ergebnis nicht die Bolschewisierung der Erde und damit der Sieg des Judentums sein, sondern die Vernichtung der jüdischen Rasse in Europa!"[140]

Dass der Klerus nichts aus dem Zweiten Weltkrieg gelernt hat, zeigt sich auch in jüngster Zeit durch den Krieg auf dem Balkan, der durch den katholischen und orthodoxen Klerus unterstützt

---

140 Deutscher Bundestag (Hrsg.): Fragen an die deutsche Geschichte: Ideen, Kräfte, Entscheidungen von 1800 bis zur Gegenwart. 17. Auflage. Bonn 1991. S. 320

worden war. Es geht dem Klerus nicht in seine Köpfe hinein, dass Christus eine Weltreligion forderte, die ein sittliches Verhalten des Menschen verlangt. Statt sich nach deren „Prinzipien des allein seligmachenden Religionsglaubens“[141] zu richten, haben sie das Gegenteil hervorgebracht.

Mit Recht sagt Kant, dass ein solcher Glaube den „gemeinsten menschlichen Fähigkeiten angemessen“ ist, und ihn als „für die oberste Bedingung eines allgemeinen und allein seligmachenden Glaubens“ anzunehmen, ist das Widersinnigste, was man sich überhaupt denken kann.[142]

---

141 Band VI, a. a. O. S. 180

142 vgl. Band VI, a. a. O. S. 181

5 Kants moralische Vernunftreligion und die Vernunftreligion Christi

5.1 Religion und Moral

Wenden wir uns der Frage zu, wie die Moral unumgänglich zur Religion führt. Kant hat die Selbständigkeit der Religion aufgegeben. Die Religion erwächst durch Vermittlung des sittlichen Denkens auf dem Boden der Moralität.[143] Bei der Religion wird die Idee eines höchsten Wesens vorausgesetzt. Dieses höchste Wesen ist Gott, der als Gesetzgeber über den Menschen steht. Während die Religion ein höchstes Wesen voraussetzt, bedarf die Moral keiner Idee eines höheren Wesens, das über den Menschen steht, um seine Pflicht zu erkennen. „Sie bedarf also zum Behuf ihrer selbst (sowohl objektiv, was das Wollen, als subjektiv, was da Können betrifft) keineswegs der Religion, sondern vermöge der reinen praktischen Vernunft ist sie sich selbst genug."[144]

Der Mensch ist ein frei handelndes Wesen, das Vernunft besitzt. Durch seine praktische Vernunft ist er an ein unbedingtes Gesetz gebunden. Die Moral selbst ist auf dem Begriffe des Menschen als solchen gegründet. Was aber die Triebfeder angeht, braucht Moral keine anderen neben dem Gesetz selbst, um sie zu beobachten.[145] Moral führt aber unumgänglich zur Religion „wodurch sie sich zur Idee eines machthabenden moralischen Gesetzgebers außer dem Menschen erweitert, in dessen Willen dasjenige Endzweck (der Weltschöpfung) ist, was zugleich der Endzweck des Menschen sein kann und soll."[146] Die Moral führt unumgänglich zur

---

143 vgl. Scholz, Heinrich: Religionsphilosophie. Zweite Auflage. Verlag von Reuther & Reichard. Berlin 1922. S. 83

144 Band VI, a. a. O. S. 3

145 vgl. Band VI, a. a. O. S. 3

146 Band VI, a. a. O. S. 6

Religion, „weil sie zu der Frage führt, wie das Sollen zum Können, das Können zum Sein gelange."[147] Das *Sollen* führt uns zu der Idee Gott, indem die reine praktische Vernunft uns postuliert: „Wir sollen das höchste Gut" suchen. Es ist nur die Moral, die uns zur Religion führen kann, nicht direkt, aber unumgänglich. Weil die Moral uns unumgänglich zur Religion führt, erkennt Bauch hier eine Problemkomplexion, die sich geltend macht. Daraus folgert er, dass die Moral im Bestande des Bewusstseins das Erste und die Religion das Zweite ist. So ergibt sich, dass ein Mensch moralisch sein kann, ohne dabei religiös zu sein, aber ein religiöser Mensch kann nicht religiös sein, ohne dabei moralisch zu sein.[148] „Im transzendentalen Geltungsbestande aber ist Religion das Erste und Moral das Zweite, so daß der Mensch nun nicht moralisch sein kann, ohne auch religiös zu sein (δυναμει), aber auch nicht religiös sein kann, ohne moralisch zu sein, weil der Gegenstand der Religion dem Menschen die sittliche Bestimmung vorhält."[149]

Daraus schließt Bauch Folgendes: „Für das Bewußtsein und die bloße Reflexion wäre also die Moral die ratio essendi der Religion und diese, insofern auf die Bedingung der Fortführung des Sollens zum Können, des Könnens zum Sein reflektiert wird, ratio cognoscendi der Moral. Unter transzendentalem Geltungsaspekte als solchem aber kehrt sich das Verhältnis um: Nun ist die Religion ratio essendi der Moral, insofern im objektiven Gehalte jener die Darstellung des objektiven Gehaltes von dieser garantiert wird, und die Moral ist ratio cognoscendi der Religion, insofern sie zu dieser, umgänglich führt'."[150]

---

147 Bauch, Bruno: Immanuel Kant. Dritte Auflage. Walter de Gruyter & Co. Berlin, Leipzig 1923. S. 339

148 vgl. Bauch, a. a. O. S. 339

149 Bauch, a. a. O. S. 339

150 Bauch, S. 339 f.

Bauch ist der Meinung, dass dieser objektive Sachverhalt zwischen Moral und Religion von vielen Kantianern und Kantgegnern übersehen wurde.[151] Röd gibt auch einen Hinweis darauf, dass viele lange geglaubt haben, Kants Moralphilosophie setzte Religion voraus, statt dass der Kern der Religion von der Moral abhängte.[152] Das Autonomieprinzip führt uns in der Moral zur Religion und stellt sich selbst dar als Inbegriff aller unserer *Pflichten als göttliche Gebote*.[153] Aus der Moral geht ein Zweck hervor, weil unserer Vernunft nicht egal ist, was aus Rechthandeln herauskommen würde.[154] Die Moral braucht zum Rechthandeln keinen Zweck, „sondern das Gesetz, welches die formale Bedingung des Gebrauchs der Freiheit überhaupt enthält, ist ihr genug."[155] „Wenn die Moral an der Heiligkeit ihres Gesetzes einen Gegenstand der größten Achtung erkennt, so stellt sie auf der Stufe der Religion an der höchsten, jene Gesetze vollziehenden Ursache einen Gegenstand der Anbetung vor und erscheint in ihrer Majestät."[156] Also die „Religion stellt keinen selbständigen Zugang zum Gottesglauben dar, sondern sie ist ein Komplement der Moral und infolge dessen auf diese angewiesen."[157]

151 vgl. Bauch, a. a. O. S. 339

152 vgl. Röd, a. a. O. S. 178

153 vgl. Bauch, a. a. O. S. 340

154 Band VI, a. a. O. S. 5

155 Band VI, a. a. O. S. 4 f.

156 Band VI, a. a. O. S. 6 f.

157 Röd, a. a. O. S. 178 f.

5.1.1 Moralische Denkungsart (Gesinnung)

Das moralische Gesetz ist „für den Willen eines allervollkommensten Wesens ein Gesetz der Heiligkeit[158], für den Willen jedes endlichen vernünftigen Wesen aber ein Gesetz der Pflicht, der moralischen Nöthigung, und der Bestimmung der Handlungen desselben durch Achtung[159] für dies Gesetz und aus Ehrfurcht für seine Pflicht."[160] Das moralische Gesetz ist für ein vernünftiges Wesen ein Gesetz der Pflicht, moralische Nötigung, weil der Mensch an den Triebfedern der Sinnlichkeit hängt und dazu neigt, nach dem subjektiven Prinzip der Selbstliebe in seine Maxime aufzunehmen. Handelt der Mensch so, dass er seine Handlungen nach außen als gute Handlungen darstellt, die auch so aussehen, als wären sie aus dem moralischen Gesetzen entsprungen und nicht aus dem Eigennutz, dann handelt er pflichtmäßig und ist nicht schon ein sittlich guter Mensch. Kant nennt das Beispiel des Kaufmanns, der für jeden, auch für Kinder, die gleichen Preise macht. In seinem Laden wird jeder ehrlich bedient. Wenn der Kaufmann aus „Pflicht und Grundsätzen der Ehrlichkeit" so verfährt, dann ist sein empirischer und intelligibler Charakter gut. Der empirische Charakter ist erkennbar, der intelligible dagegen nicht. Handelt

---

158 Die Heiligkeit ist „die völlige Angemessenheit des Willens zum moralischen Gesetze, eine Vollkommenheit deren kein vernünftiges Wesen der Sinnenwelt, in keinem Zeitpuncte seines Daseyns, fähig ist." Band V, a. a. O. S. 194

159 Achtung ist erforderlich, weil alle unsere Handlungen von Gefühlen begleitet sind, seien es angenehme oder unangenehme. Es ist das moralische Gefühl, das durch Vernunft bewirkt wird und- das wiederum zum Vernunft führen soll. Die Achtung vor dem moralischen Gesetz ist die Triebfeder des moralischen Handelns. Alle anderen, sinnlichen Triebfedern werden von Kant abgelehnt. Die Achtung vor dem Sittengesetz verhindert, dass der Sittlichkeit Abbruch getan wird. Sie bestimmt die Maxime. Die Achtung lässt uns fühlen, dass in uns etwas größer ist als die Sinnlichkeit. Alles Moralische besteht in der Achtung vor dem moralischen Gesetz.

160 Band V, a. a. O. S.82

der Kaufmann aus Liebe zu seinen Kunden, so dass er keinen Kunden preislich bevorzugt, dann handelt er aus der Pflicht heraus. Handelt er aber so, dass er nicht aus der Liebe keinem vor den anderen im Preise den Vorzug gibt, sondern weil er nicht anders kann, dann handelt er pflichtmäßig.[161] Von der Gesinnung, aus reiner Pflicht zu handeln, können wir keine sicheren Beispiele anführen.[162] Es ist aber wichtig, dass ein Mensch aus der Pflicht und Achtung fürs moralische Gesetz handelt. Denn nur, wenn er so handelt, dass seine Handlungen aus Pflicht und bloß um des Gesetzes[163] willen geschehen, haben seine Handlungen moralischen Wert, als moralische Gesinnung, ihren Maximen nach.[164] Die sittliche Stufe, worauf der Mensch steht, „ist Achtung fürs moralische Gesetz. Die Gesinnung, die ihm, dieses zu befolgen, obliegt, ist es, aus Pflicht, nicht aus freiwilliger Zuneigung und auch allenfalls unbefohlener von selbst gerne unternommener Bestrebung dieses zu befolgen, und sein moralischer Zustand, darin er jedesmal sein kann, ist Tugend, d. i. moralische Gesinnung im Kampfe, und nicht Heiligkeit im vermeinten Besitze einer völligen Reinigkeit der Gesinnung des Willens."[165]. Der Tugendbegriff ist in den Menschen zwar nicht entwickelt, aber der Mensch hat ihn in seinem Inneren, in sich, ganz und nicht nur ein Teil von ihm.[166] „Tugend ist die Stärke der Maxime des Menschen in Befolgung seines

---

161 vgl. Band IV, a. a. O. S. 397

162 vgl. Band IV, a. a. O. S. 406

163 Der Begriff der Pflicht fordert „an der Handlung objektiv, Übereinstimmungen, mit Gesetze, an der Maxime derselben aber, subjektiv, Achtung fürs Gesetz, als die alleinige Bestimmung des Willens durch dasselbe. Und darauf beruht der Unterschied zwischen dem Bewußtsein, pflichtmäßig und aus Pflicht, d. i. (aus) Achtung fürs Gesetz, gehandelt zu haben." (Band V, a. a. O. S. 81)

164 vgl. Band V, a. a. O. S. 81

165 Band V, a. a. O. S. 82

166 vgl. Band VI, a. a. O. S. 183

seiner Pflicht."[167] Die Ethik der sittlichen Zwecke schöpft ihre Zwecke aus dem „formalen Konzept sittlichen Wollens, welches sie der Ethik der Gesinnung verdankt. Anders herum formuliert: nur im sittlichen Zweck vollendet sich die gute Gesinnung, und nur diejenige Zwecke sind unbedingt sittlich, die aus einer reinen Gesinnung heraus entworfen werden."[168] Kant ist der Meinung, dass Christus der Einzige war, der der Tugend einen inneren Wert und auch die Triebfeder gab. Im Gegensatz zu Christus hat Epikur nach Kant der Tugend die Triebfeder gegeben, aber ihr den inneren Wert genommen. Zeno tat aber das Gegenteil zu Epikur, er gab der Tugend einen inneren Wert und nahm ihr die Triebfeder.[169] Nach Kant ist der Tugendbegriff aus der Seele des Menschen genommen und darf nicht, wie der Religionsbegriff, durch Schlüsse heraus vernünftelt werden.[170]

5.1.2 Das Gewissen (moralische Urteilskraft)

Das Gewissen ist eine Tugend, die nicht erworben[171] werden kann, sondern jeder moralische Mensch hat sie ursprünglich in sich.

---

167 Band VI, a. a. O. S. 394

168 Dierksmeier, Claus: Das Noumenon Religion. Eine Untersuchung zur Stellung der Religion im System der praktischen Philosophie Kants. Walter de Gruyter. Berlin, New York 1998. S. 65

169 vgl. Königlich Preußische Akademie der Wissenschaften (Hrsg.): Kant´s gesammelte Schriften. Band XIX. Dritte Abteilung. Handschriftlicher Nachlaß. Sechster Band. Moralphilosophie, Rechtsphilosophie und Religionsphilosophie, Walter de Gruyter & Co. Berlin und Leipzig 1984. S. 176, 6838.φ. Pr X.

170 Band VI, a. a. O. S. 183

171 Wenn wir mit unser Gewissen als eine Instanz der moralischen Beurteilung unseres Handelns denken, können wir das Gewissen als eine Tugend denken, die erworben ist. (vgl. Forkl, Markus: Kants System der Tugendpflichten: eine Begleitschaft zu den >Metaphysischen Anfangsgründen der Tugendlehre<, Peter Lang Europäischer Verlag der Wissenschaften. Frankfurt am Main 2001. S. 91

„Das Gewissen ist ein Bewußtsein, das für sich selbst Pflicht ist."[172] Das Gewissen eines Menschen kann ihm als Leitfaden dienen, wie er sich in bestimmten Situationen und Handlungen bei seiner bedenklichen moralischen Entschließungen entschließen kann. „Das Bewußtsein also, daß eine Handlung, die ich unternehmen will, recht sei, ist unbedingte Pflicht."[173] Das Gewissen urteilt nicht, ob eine Handlung recht oder unrecht sei, denn dafür ist unsere praktische Vernunft zuständig. Sie beurteilt eine Handlung dahingehend, ob sie mit moralischen Gesetzen übereinstimmt oder nicht. Weil die Beurteilung einer Handlung nur eine Erkenntnis betrifft, ist unsere Vernunft dafür zuständig. Wenn ich meine Handlungen nach dem moralischen Gesetz bestimmen will, und damit moralisch auch handeln will, muss ich vorher überlegen, ob ich um des Sittengesetzes willen handeln möchte. Die Beurteilung darüber geschieht über unseren Gewissen. Wenn ich eine Handlung unternehmen will, muss ich nicht nur urteilen oder meinen, dass sie recht sei, sondern ich muss gewiss darüber sein, dass meine Handlung nicht unrecht ist. Diese Forderung, die ich über meine Handlung stellen muss, bevor ich sie in die Tat umsetze, ist ein Postulat des Gewissens. Es reicht also nicht, nur eine Meinung zu haben, eine Handlung die ich ausüben möchte, könnte recht sein, um sie dann zu unternehmen wie es der Probabilismus verbreitet.[174]

Das Gewissen kann man auch so definieren: „Es ist die sich selbst richtende moralische Urteilskraft."[175] Dazu gibt Kant folgende Erklärung: „Das Gewissen richtet nicht die Handlungen als Casus, die unter dem Gesetz stehen; denn das thut die Vernunft, so fern

172 Band VI, a. a. O. S. 185

173 Band VI, a. a. O. S. 185 f.

174 vgl. Band VI, a. a. O. S. 186

175 Band VI, a. a. O. S. 186

sie subjektiv-praktisch ist, (daher die casus conscientiae und die Casuistik[176], als eine Art von Dialektik des Gewissens)[177] [...]."[178] Vernunft richtet sich selbst, indem sie nachprüft, ob die Handlungen, die sie übernommen hat, recht oder unrecht sind. Sie stellt den Menschen „wider oder für sich selbst zum Zeugen auf"[179], dass die Handlungen geschehen oder nicht geschehen sollen.

Moralische Besserung des Menschen geschieht über das Gewissen. Kant führt das Beispiel eines Ketzerrichters an, der einen Ketzer verurteilt, um die Gewissensdefinition zu verdeutlichen: Ein Ketzerrichter, der an seinem statuarischen Glauben hängt, soll einen Ketzer, der als guter Bürger angesehen ist, richten. Hier stellt Kant die Frage: Ob man, wenn der Ketzerrichter den Ketzer zum Tode verurteilt, sagen könne, er habe seinem (obzwar irrenden) Gewissen gemäß gerichtet oder man könne ihm wegen Gewissenlosigkeit Schuld zusprechen.[180] Nach der moralischen Beurteilung darf

---

[176] Kasuistik ist nach Kant keine Wissenschaft und auch nicht ein Teil von ihr, sonst wäre sie Dogmatik. Sie ist auch nicht die Lehre, wie etwas gefunden, sondern Übung, wie die Wahrheit gesucht werden soll. (vgl. Band VI, a. a. O. S. 411); insofern ist das Gewissen mehr als moralische Beurteilung. Gewissen ist die moralische Beurteilung eines bestimmten Falls. (vgl. Lehmann, Gerhard: Kants Tugenden. Neue Beiträge zur Geschichte und Interpretation der Philosophie Kants. Walter de Gruyter. Berlin New York 1980, S.43)

[177] Lehman ist der Meinung, dass Kant hier nicht von *Dialektik des Gewissens* sondern von *Kasuistik* spricht. Lehmann sieht in Kants Gewissensbegriff einen problematischen, „um nicht zu sagen einen dialektischen Sinn: das Gewissen als sich richtende moralische Urteilskraft." Nach Lehmann bedeutet dies, dass es sich bei der *moralischen Urteilskraft* hier gar nicht „um eine Funktion der reinen bzw. theoretischen Vernunft handelt; aber auch die praktische hat kein Gespür für die sittliche 'Beurteilung' der Handlungen - dieses hätte eben nur das Gewissen, insofern es mehr ist als moralische ‚Beurteilung'." Gewissen ist die moralische Beurteilung eines bestimmten Falls. (vgl. Lehmann, a. a. O. S.43)

[178] Band VI, a. a. O. S.186

[179] Band VI, a. a. O. S.186

[180] vgl. Band VI, a. a. O. S.186

der Ketzerrichter den Ketzer nicht zum Tode verurteilen, das ist gewiss, selbst wenn er des festen Glaubens ist, „daß ein übernatürlich-geoffenbarter göttlicher Wille [...] es ihm erlaubt."[181] Das Gewissen kann nicht irren, weil die Urteilung, ob es eine Pflicht sei oder nicht, sich auf Subjekt und nicht auf Objekt bezieht.[182] „Gewissenlosigkeit ist nicht Mangel des Gewissens, sondern Hang sich an dessen Urtheil nicht zu kehren."[183] Der Ketzerrichter, der einen Ketzer, zum Tode verurteilt, handelt gewissenlos und sein Urteil ist unmoralisch. Sein Verstreckungsurteil ist ein Urteil, das keine Rücksicht auf das Sittengesetz nimmt, das besagt, töten sei nicht erlaubt. Der Ketzerrichter urteilt nicht um des Sittengesetzes willen, sondern um des statutarischen Gesetzes willen. Daher kann man schließen, dass statutarische Gesetze unmoralische Gesetze sind, die der Moral entgegen wirken.

5.2 Vernunftreligion und das Moralische Gesetz in Bezug auf das höchsten Wesen (Gott)

Vernunftreligion „als Moral (in Beziehung auf die Freiheit des Subjekts), verbunden mit dem Begriffe desjenigen, was ihrem letzten Zwecke Effekt verschaffen kann, (dem Begriffe von Gott als moralischen Welturheber) und bezogen auf eine Dauer des Menschen, die diesem ganzen Zwecke angemessen ist (auf Unsterblichkeit), ist ein reiner praktischer Vernunftbegriff [...]."[184] Aus dem Gesagten geht es hervor, dass der Mensch nur durch seine reine praktische Vernunft zum Dasein Gottes und zu seiner Überzeugung von Unsterblichkeit der Seele kommen kann. „Da die Ideen der bloßen Vernunft für große Teile des Volks uner-

---

181 Band VI, a. a. O. S. 186

182 Band VI, a. a. O. S. 400 f.

183 Band VI, a. a. O. S. 401

184 Band VI, a. a. O. S. 157

reichbar sind, ist der Volksglaube nach Kant berechtigt, sofern er den Menschen die Lehren der Vernunftreligion in anschaulicher Form nahe bringt; diese selbst ist konsequent auf die Ethik zu relativieren."[185] Religion ist, wenn man sie subjektiv betrachtet, die „Erkenntnis aller unserer Pflichten als göttliche Gebote."[186] Das universale Gesetz ist bei Kant das moralische Gesetz, das zum höchsten Gut führt, „und als das Objekt und Endzweck der reinen praktischen Vernunft zur Religion, d. i. zur Erkenntniß aller Pflichten als göttliche Gebote [...]."[187] Die göttlichen Gebote sollen nicht als Sanktionen verstanden werden, also als „willkürliche für sich selbst zufällige Verordnungen eines fremden Willens, sondern als wesentliche Gesetze eines freien Willens für sich selbst, die aber dennoch als Gebote des höchsten Wesens angesehen werden müssen [...]."[188] Der Mensch selbst hat einen freien Willen und er kann deswegen durch keine Ursache der Welt aufhören, ein frei handelndes Wesen zu sein.[189] Er kann mit seinem freien Willen seine Pflichten als göttliche Gebote des höchsten Wesens erkennen und zum höchsten Gut streben, aber ihm ist auch die Wahl überlassen, die Pflichten als göttliche Gebote nicht erkennen zu wollen, aus reinen egoistischen Gründen oder weil er die Möglichkeit des höchsten Wesens ausschließt. Jedem Menschen kann es aber dann zur Pflicht gemacht werden, seine Pflichten als göttliche Gebote zu erkennen, wenn er denkt, es sei möglich, dass es einen Gott gibt. Der Mensch braucht also keine subjektive wirkliche, sondern nur eine mögliche Erkenntnis von Gott, um seine Pflichten als göttliche Gebote zu erkennen.[190] Es ist aber auch so,

---

185 Röd, a. a. O. S. 180

186 Band VI, a. a. O. S. 153

187 Band V, a. a. O. S. 129

188 Band V, a. a. O. S. 129

189 vgl. Band VI, a. a. O. S. 41

190 vgl. Band VI, a. a. O. S. 154

dass der Mensch, sobald er etwas als Pflicht erkennt, auch wenn es eine „durch die bloße Willkür eines menschlichen Gesetzgebers auferlegte Pflicht wäre, so ist das zugleich ein göttliches Gebot, ihr zu gehorchen."[191] Dieser Satz soll nicht zu einem Missverständnis führen, und aus diesem Grunde möchte ich ein Beispiel geben, um das Gesagte zu verdeutlichen.

Beispiel:

x lebt in einem Staat y, der durch einen menschlichen Gesetzgeber regiert wird. In diesem Staat y leben Menschen mit einem Merkmal z. Der Gesetzgeber des Staates y veranlasst ein Gesetz, welches lautet: Jeder Mensch, der im Staat y lebt, ist verpflichtet, jeden Menschen mit Merkmal z zu töten. x ist ein vernünftiges Wesen, das diese auferlegte Pflicht dahingehend prüfen will, ob es sie als Pflicht erkennen kann. Das Prinzip der Pflicht ist der kategorische Imperativ, der sagt: „Handle nur nach derjenigen Maxime, durch die du zugleich wollen kannst, daß sie allgemeines Gesetz werde."[192] Diese Formel des kategorischen Imperativs ist gleich einem universalen moralischen Gesetz, das keine Ausnahme zulässt und für jedes vernünftige Wesen gleichermaßen gültig ist.

x fragt sich: Kann ich es wollen, das jeder Mensch einen anderen Menschen tötet, wenn er das Merkmal z erfüllt. Ich kann es nicht wollen, denn wenn jeder Mensch einen anderen Menschen töten würde, würde dies zu einer Selbstvernichtung der Menschen führen. Die Menschheit würde in kurzer Zeit ausgelöscht werden.

Daraus folgt, dass die auferlegte Pflicht vom Gesetzgeber des Staates y von x nicht als Pflicht erkannt werden kann. Wäre es aber so, dass der Gesetzgeber des Staates y es zur Pflicht gemacht hätte: Kein Mensch darf einen anderen Menschen töten, dann

191 Band VI, a. a. O. S. 99

192 Band IV, a. a. O. S. 421

hätte x darin eine auferlegte Pflicht erkennen können, denn ihm ist bewusst, dass das Töten verboten ist, dass jeder ein Recht auf sein Leben hat. Diese von diesem menschlichen Gesetzgeber auferlegte Pflicht ist für x auch zugleich ein göttliches Gebot, ihr zu gehorchen. Gott wird in Verbindung mit dem kategorischen Imperativ gedacht. Das moralische Gesetz ist das Gesetz, das auf Gott als moralischen Welturheber bezogen ist. Moralität ist eine Leistung der reinen praktischen Vernunft.

5.3 Die Religion und die Pflichten gegen Gott

Kants Religion fordert keine theoretische Erkenntnis und kein Bekenntnis im Sinne eines assertorischen Wissens. Selbst das Dasein Gottes wird nicht gefordert, weil bei dem Bekenntnis schon geheuchelt sein könnte. Außerdem wird durch diese Bestimmung der irrigen Vorstellung vorgebeugt, als sei die Religion ein Inbegriff besonderer Pflichten. Kants Religion soll nicht so verstanden werden, dass die Menschen Pflichten gegen Gott haben, denn es gibt keine besonderen Pflichten gegen Gott in einer allgemeinen Religion, weil Gott von uns nichts empfangen kann. Wollten die Menschen in einer Religion die schuldige Ehrfurcht gegen Gott zu einer besonderen Pflicht machen, „so bedenkt man nicht, daß diese nicht eine besondere Handlung der Religion, sondern die religiöse Gesinnung bei allen unsern pflichtmäßigen Handlungen der Religion überhaupt sei.“ [193] Bohatec ist der Meinung, dass Kant mit dieser Polemik sich gegen Stapfer richtet, der die „Pflichten gegen Gott als besondere von denjenigen gegen uns und andere“[194] Pflichten unterscheidet. Ob Kant sich nur gegen Stapfer richtet, denke ich, ist nicht von der großer Bedeutung. Wir können heute nur darauf spekulieren und uns nie sicher sein, dass es so ist, denn

---

193 Band VI, a. a. O. S. 153 f.

194 Bohatec, a. a. O. S. 47

auf diese Vermutung könnte nur der große Philosoph Kant uns die richtige Antwort geben. Ich bin der Meinung, dass Kant allgemein diejenige anspricht, die der Meinung sind, dass es Pflichten gegen Gott geben kann. Für Meister Eckart, der im 13. Jahrhundert lebte, war es eine Pflicht, dass die Menschen Gott geben, was Gottes ist. Er zitiert unbelegt einen Spruch: „Die Gerechten werden ewiglich leben und ihr Lohn ist bei Gott."[195] Meister Eckart stellt die Frage, wer die Gerechten seien und antwortet darauf, dass eine Schrift sagt: „Der ist gerecht, der einem jeden das Seine gibt."[196] Aus diesem Satz folgert Meister Eckart: „Also sind das die Gerechten, die da Gott geben, was sein ist, den Heiligen und den Engel, was das Ihre, und dem Nebenmenschen, was das Seine ist."[197] Die aber, die Gott ehren, sind diejenigen, die nichts verlangen und nichts erstreben, „nicht Innigkeit noch Heiligkeit noch Lohn noch Himmelreich, sondern aus diesem allen herausgegangen sind: - von diesen Leuten hat Gott Ehre, sie ehren Gott eigentlich und geben ihm, was sein ist."[198] Nach Kant können die Menschen ihre Pflichten gegenüber ihren Mitmenschen und sich selbst erfüllen, die „eben dadurch auch göttliche Gebote ausrichten, mithin in allen ihrem Thun und Lassen, sofern es Beziehung auf Sittlichkeit hat, beständig im Dienste Gottes sind [...]"[199] Die falsche Vorstellung von den Pflichten, die aufgefasst wurden als Pflichten gegen Gott, haben die *Maya-Religion* (317 bis 1441 n. Christus) sowie die *aztekische Religion* gehabt. Sie opferten Men-

---

195 Schulze-Meizier, Friedrich (Hrsg.): Meister Eckart. Deutsche Predigten und Traktate. Ausgewählt, übertragen und eingeleitet von Friedrich Schulze-Meizier. Insel Verlag. Leipzig. S. 259

196 Meister Eckart, a. a. O. S. 259

197 Meister Eckart, a. a. O. S. 259

198 Meister Eckart, a. a. O. S. 259

199 Band VI, a. a. O. S. 103

schen als Opfergabe, um die Götter zu besänftigen.[200] So hat die aztekische Religion folgendes Ritual praktiziert: „Um den Kreislauf der Sonne auf ihrer täglichen Bahn zu gewährleisten, muß den Sonnengöttern täglich Menschenblut gespendet werden. Ohne diese Menschenopfer würde das Leben auf der Erde ersterben."[201] Außer diesen zwei genannten Religionen, in denen Menschenopfer praktiziert wurden, kommen bei anderen Religionen die Tieropfer oder Speisen und Getränke als Opfergabe vor, um den einen Gott oder mehrere Götter zu preisen oder zu besänftigen. Eine solche Religion führte im eigenen Volk zu Furcht und Angst vor den Vollstreckern der Menschenopfer, und nicht zur Furcht vor Gott, was heißt, seine Gebote aus Achtung fürs Gesetz befolgen.[202]

5.4 Der Religionsbegriff und der Glaube an Gott

Für Kants Religionsbegriff ist es auch sehr wichtig, dass er nicht mit dem Glauben der Kirchen verwechselt werden darf. Religion heißt bei Kant nicht Glaube an Gott und der Religionsbegriff ist nicht durch spekulative, sondern nur durch unsere reine praktische Vernunft begründbar. Er ist „die Moral in Beziehung auf Gott als Gesetzgeber" [203], und er ist für „den praktischen, namentlich den moralischen Gebrauch der Vernunft in subjektiver Absicht nötig."[204] Durch den Glauben an Gott kann der Mensch nach Kant nicht zur Erkenntnis kommen, seine Pflichten als göttliche Gebote

[200] vgl. Bellinger, Gerhard J.: Knaurs grosser Religions Führer. 670 Religionen, Kirchen und Kulte, weltanschaunlich-relgiöse Bewegungen und Gesellschaften sowie religionsphilosophischen Schulen. Droemer Knaur. München 1992. S. 45 u. 304

[201] Bellinger, a. a. O. 44 f.

[202] vgl. Band VI, a. a. O. S.182

[203] Band V, a. a. O. S. 460

[204] Band V, a. a. O. S. 482

anzusehen, sondern nur durch seine reine praktische Vernunft. Der Glaube an Gott ist in der christlichen, moslemischen sowie in anderen Religionen sehr wichtig, aber nicht bei Kant. Ich möchte hier ein Beispiel von vielen aus der Bibel anführen, um zu zeigen, welche Bedeutung auch Christus dem Glauben und dem Gebet gibt. Als Christus an einem Feigenbaum vorbeikam, der keine Früchte trug, sprach er zu dem Baum: „Nun wachse auf dir hinfort nimmermehr eine Frucht!"[205], und daraufhin verdorrte der Feigenbaum. Jesus wandte sich an seine Jünger, die über dieses Geschehnis verwundert waren, und versprach ihnen, dass sie noch größere Taten hervorbringen können, wenn sie Glauben haben und nicht zweifeln.[206] Durch unbedingten Glauben kann der Mensch nach Christus nicht nur Wunder vollbringen, sondern auch durch seine Gebete die Wünsche erfüllt bekommen.[207] Kant hat solche Stellen aus der Bibel nicht beachtet, denn dies würde dem Prinzip seiner Vernunftreligion nicht entsprechen.

5.4.1 Wie weit ließ sich Kant von Kirchenleuten beeinflussen?

Kants Briefwechsel mit Kirchenleuten fand auch statt, während er in Königsberg seine Tätigkeit als Professor ausübte. Caspar Lavater, der seit Jahren Kants Schriften mit Begeisterung las, besonders Kants Metaphysik, die er am meisten bewunderte „in der Manier u. Methode zu denken"[208], schreibt an Kant 1774 einen Brief, dass er auf Kants *Kritik der reinen Vernunft* sehr begierig sei. Aus diesem Brief geht hervor, dass Lavater erfahren möchte, ob Kant in sei-

---

205 Die Bibel oder die ganze Heilige Schrift des Alten und Neuen Testaments. Nach der deutschen Übersetzung D. Martin Luthers. Naumann & Göbel Verlag. Köln. Matthäus, XXI, 19

206 vgl. Die Bibel, a. a. O. Matthäus, XXI, 20 u. 21

207 vgl. Die Bibel, a. a. O. Matthäus, XXI, 21 u. 22

208 Königlich Preußliche Akademie der Wissenschaften (Hrsg.): Kant's gesammelte Schriften. Band X. Zweite Abteilung. Erster Band. Briefwechsel. Walter de Gruyter & Co. Berlin und Leipzig 1922. S.165

nem Werk auch Folgendes sagen würde: „Daß von der reinen Vernunft unsere Critik schwerlich entfernter sein könne, als sie ist. [...] daß, bis wir unsere Beobachtungen mehr auf den Menschen fixieren, alle unsre Weisheit Narrheit sei. daß wir nur darum immer schrecklich irren, weil wir das außer uns suchen, was allein in uns ist."[209]

Wie weit Kant Lavaters Versuch der Beeinflussung auf sein Werk *Kritik* der *reinen Vernunft* aufgenommen hat, geht aus dem Briefwechsel nicht hervor. Außer Lavater waren es auch Lambert (1728–1777), Herder (1744–1803) und Spangel, die mit Kant lange Zeit in Briefwechsel standen. Nicht nur Ratschläge haben manche Pietisten Kant gegeben, sondern auch seine Meinung hören wollen. So hat Lavater Kants Urteil hören wollen über seine Abhandlung vom *Glauben und dem Gebete*.[210] Kant antwortet Lavater Folgendes: „Wissen Sie auch an wen Sie sich deshalb wenden? An einen, der kein Mittel kennt, was in dem letzten Augenblicke des Lebens Stich hält, als die reinste Aufrichtigkeit in Ansehung der verborgensten Gesinnung des Herzens und der es mit Hiob vor ein Verbrechen hält, Gott zu schmeicheln und innere Bekentnisse zu thun, welche vielleicht die Furcht erzwungen hat und womit das Gemüth nicht in freiem Glauben zusammenstimmt."[211] Am Ende seines Briefes gibt Kant sein Urteil, indem er an Lavater schreibt: „Das wesentliche und vortrefflichste von der Lehre Christi ist eben dieses: daß er die Summe aller Religion darin setzte, rechtschaffen zu sein aus allen Kräften im Glauben d. i. einem unbedingten Zutrauen, daß Gott als denn das übrige Gute, was nicht in unserer Gewalt ist, ergänzen werde. Diese Glaubenslehre verbietet alle Anmaßung, die Art, wie Gott dieses thue, wis-

209 Band X, a. a. O. S. 165

210 vgl. Band X, a. a. O. S.176

211 Band X, a. a. O. S. 176

sen zu wollen, imgleichen die Vermessenheit dasjenige aus eignem Dünkel, zu bestimmen was in Ansehung der Mittel seiner Weisheit am gemäßesten seine alle Gunstbewerbungen nach eingeführten gottesdienstlichen Vorschriften und läßt von dem unendlichen Religionswahn wozu die Menschen zu allen Zeiten geneigt sein nichts übrig als das allgemeine und unbestimte Zutrauen, daß uns dieses Gute auf welche Art es auch sei, zu Theil werden solle, wenn wir, so viel an uns ist, uns durch unser Verhalten dessen nur nicht unwürdig machen."[212]

Ich bin der Meinung, dass Kant seine eigene Religionsphilosophie systematisch aufbaute und sich nicht vom Pietismus in dem Maße hat beeinflussen lassen, wie es manche behaupten. Es geht auch aus den anderen Briefen hervor, dass die Kirchenleute ihn um seine Meinung gebeten haben, weil sie von seiner Philosophie beeindruckt waren.

Kant selbst kommt durch seine Vernunft zu der Erkenntnis, dass der Mensch auf natürliche Weise, unabhängig von der Offenbarungsreligion, zum allgemeinen Gesetz[213] und Gottesbegriff kommt. Zu der Erkenntnis, dass es einen moralischen Gesetzgeber geben muss, der sich über jedes Sein erhebt, kommt der Mensch nicht durch den Glaube an Gott, wie es die Pietisten vertraten, sondern durch seine reine praktische Vernunft. So war Ter-

---

212 Band X, a. a. O. S. 180 (Die Kommas sind nach heutiger Orthographie gesetzt, da bei Kant keine Kommas vorhanden waren).

213 Kant schreibt: „Kein Buch von welcher Autoritaet es auch sei ja sogar eine meinen eigenen Sinnen geschehene Offenbarung mir etwas zur Religion (der Gesinnungen) auferlegen kann was nicht schon durch das heilige Gesetz in mir wonach ich vor alles Rechenschaft geben muß mir zur Pflicht geworden ist und das ich es nicht wagen darf meine Seele mit Andachtsbezeugungen, Bekentnissen u. anzufüllen die nicht aus den ungeheuchelten und unfehlbaren Vorschriften desselben entsprungen sind (weil Statuten zwar Observanzen aber nicht Gesinnungen des Herzens hervorbringen können)" Band X, a. a. O. S. 179

steegen der Meinung, dass die Vernunft geblendet werden muss, um Gott zu finden. Er sagt:

> „Gott ist ein Herzen-Gott; drum, wenn du ihn willst finden,
> So blende die Vernunft, sie wird ihn nie ergründen!
> Senk dich aus deinem Kopf in's Herzens Grund hinein
> Sanft, lieblich, wie ein Kind, so wird er dir gemein!" [214]

Kant ist es gelungen, von der dogmatischen Lehre und deren Fragen wegzukommen, indem er zeigt, dass durch die praktische Vernunft das Dasein Gottes und die Unsterblichkeit der Seele postuliert wird. Kant zeigt, dass gerade unsere praktische Vernunft ein Schlüssel ist, der zur Erkenntnis des obersten moralischen Gesetzgebers führt. Die Religion wird bei Kant in das System der praktischen Vernunft eingeordnet,[215] und damit beginnt auch eine Wende, die sich dogmatischen Fragen und Abstraktionen der vielen Religionen gegenüberstellt, indem das ethische Element in den Vordergrund rückt. So kann Kant mit Recht sagen, dass jeder, auch der einfältigste Mensch, durch seine praktische Erkenntnis zu einem Gesetz kommt, „welches in jedermanns Bewusstsein unbedingte Verbindlichkeit bei sich führt, nämlich das der Moralität. [...] Diese Erkenntnis führt entweder schon für sich allein auf den Glauben an Gott, oder bestimmt wenigstens allein seinen Begriff als den eines moralischen Gesetzgebers, mithin leitet es zu einem reinen Religionsglauben, der jedem Menschen nicht allein begreiflich, sondern auch im höchsten Grade ehrwürdig ist [...]."[216] Der Mensch kommt also, durch die praktische Erkenntnis zum allgemeinen Gesetz, dessen unbedingte Verbindlichkeit Moralität ist.

---

214 Schiketanz, Peter: Der Pietismus von 1675 bis 1800. Evangelische Verlaganstalt. Leipzig 2001. S. 24. Schicketanz zitiert hier Tersteegen.

215 vgl. Dierksmeier, a. a. O. S. 4

216 Band VI, a. a. O. S. 181 f.

Moralität führt ihn unumgänglich zur Religion, wie Kant sagt, indem der Mensch durch das moralische Gesetz erkennt, dass es einen moralischen Gesetzgeber geben muss, der über jedem Sein steht. Hier hat Dierksmeier recht, wenn er sagt, dass bei Kant nicht die Religionsphilosophie aus „einem vorausgehenden Gottesbegriff abgeleitet wird, sondern umgekehrt dieser - in religösen Belangen - aus den Gründen der Religionsphilosophie sich bestimmt. Die Stärke der kantischen Religionsphilosophie [...] ist es gerade, daß sie unabhängig von einer vorauszusetzenden philosophischen oder geoffenbarten Theologie bestehen kann."[217] Kant sagt selber, dass der Mensch durch seine praktische Erkenntnis unabhängig von der Offenbarungslehre und dem Geschichtsglauben zum obersten moralischen Gesetzgeber kommen kann. Es ist auch Pflicht jedermanns, Gott zur „obersten Bedingung zu machen, unter der wir allein hoffen können, des Heils teilhaftig zu werden [...]."[218] Kant äußert sich aber nicht gegen die Offenbarungslehre. Er ist der Meinung, dass die Offenbarungslehre gerade für den Geschichtsglauben ein reiner Religionsglaube ist, und in diesem Sinne kann der Geschichtsglaube für allgemein gültig gelten, weil dieser eine allgemein gültige Lehre enthält. Ein moralisch gläubiger Mensch kann sich selbst entscheiden, ob er noch für den Geschichtsglauben Platz hat. Es ist ihm dann von Nutzen, für den Geschichtsglauben offen zu sein, wenn dieser Glaube einen reinen moralischen Wert hat und seine reine moralische Religionsgesinnung bestärkt.[219] Ich bin der Meinung, dass Kants Religionsphilosophie eine universale Religion fordert, die durch das moralische Gesetz, den universalen Gesetzgeber voraussetzt, und somit für jedermann ihre Gültigkeit hat, unabhängig von Konfession, Nationalität oder Rasse, Reichtum oder Armut. Der Mensch

217 Dierksmeier, a. a. O. S. 6

218 Band VI, a. a. O. S. 183

219 vgl. Band VI, a. a. O. S. 183

kann, bei Kant, unabhängig von der Religion moralisch sein, aber religiös zu sein heißt auch, moralisch zu sein.

5.5 Die Vernunftreligion fordert eine wahre Kirche

Die Vernunftreligion als Moral ist die einzige Religion, die eine wahre Kirche gewährleisten kann, weil sie durch reine praktische Vernunft begründet ist. Sie hat „Qualification zur Allgemeinheit in sich, sofern man darunter die Gültigkeit für jedermann (universitas vel omnitudo distributiva), d. i. allgemeine Einhelligkeit, versteht."[220]

Eine Kirche im kantischen Sinne ist ein ethisches gemeines Wesen unter der göttlichen moralischen Gesetzgebung. Die wahre Kirche ist eine „bloße Idee von der Vereinigung aller Rechtschaffenen unter der göttlichen unmittelbaren, aber moralischen Weltregierung, wie sie jeder von Menschen zu stiftenden zum Urbilde dient."[221] Das ethische Gemeinwesen ist als Kirche, als „bloße Repräsentantin eines Staates Gottes [...]"[222] zu verstehen. Sie hat keine „Grundsätze nach der politischen ähnlichen Verfassung."[223] Ein ethisches gemeines Wesen ist als ein Volk, unter den göttlichen Geboten, und zwar nur nach Tugendgesetzen denkbar möglich. Wenn ein solches ethisches gemeines Wesen realisierbar wäre, so müsste jeder einzelne Mensch sich einer öffentlichen Gesetzgebung unterwerfen.[224] Wie kann sich der Mensch eine solche unsichtbare Kirche vorstellen? Kant sagt, dass eine solche unsichtbare Kirche mit einer „Hausgenossenschaft (Familie), unter einem gemeinschaftlichen, obzwar moralischen unsichtbaren, morali-

220 Band VI, a. a. O. S. 157
221 Band VI, a. a. O. S. 101
222 Band VI, a. a. O. S. 102
223 Band VI, a. a. O. S. 102
224 vgl. Band VI, a. a. O. S. 98 f.

schen Vater verglichen werde könne, sofern sein heiliger Sohn, der seinen Wille weiß, und zugleich mit allen ihren Gliedern in Blutsverwandtschaft steht, die Stelle desselben darin vertritt, dass er seinen Willen diesem näher bekannt macht, welche daher in ihm den Vater ehren, und so untereinander in eine freiwillige, allgemeine und fortdauernde Herzvereinigung treten"[225] könne. Damit sich die wahre unsichtbare Kirche als Weltreligion ausbreiten kann, braucht sie keine Beamten (officiiales) und keine Vorsteher, wie es bei manchen sichtbaren Kirche vorkommt. Sie braucht Lehrer und Dienerschaft (ministerium) der bloß unsichtbaren Kirchen.[226] Nun ist es schwer, eine unsichtbare Kirche als Weltreligion zu erhalten, denn sie kann sich nicht in ihrer Allgemeinheit fortpflanzen, sondern nur, „wenn eine collective Allgemeinheit, d. i. Vereinigung der Gläubigen in eine (sichtbare) Kirche nach Prinzipien einer reinen Vernunftreligion, dazu kommt, diese aber aus jener Einhelligkeit nicht von sich selbst entspringt, [...]."[227] Die unsichtbare Kirche ist in ihrem Inneren mit durch bloße Vernunft erkennbaren Gesetzen ausgestattet. Jedoch müssen gewisse statutarische, aber zugleich mit „gesetzgebenden Ansehen (Autorität) begleitete Verordnungen hinzukommen", sonst würde „dasjenige doch immer noch mangeln, was eine besondere Pflicht der Menschen, ein Mittel zum höchsten Zwecke derselben, ausmacht, nämlich die bedrohliche Vereinigung derselben zu einer allgemeinen sichtbaren Kirche [...]."[228] Ein Stifter einer solchen Kirche setzt nicht nur den reinen Vernunftbegriff, sondern auch ein *Factum* voraus. Eine solche Kirche ist in ihrem ethischen gemeinen Wesen „weder *monarchisch* (unter einem Papst oder Patriarchen)" wie das bei katholischen oder orthodoxen Kirchen der Fall ist, weder „*aris-*

---

225 Band VI, a. a. O. S.102

226 vgl. Band VI, S. a. a. O. 157

227 Band VI, a. a. O. S. 158

228 Band VI, a. a. O. S .158

tokratisch (unter Bischöfen und Prälaten), noch *demokratisch* (als *sektirischer* Illuminanten)."[229] Kant ist der Meinung, dass Christus' Lehre auf „eine reine, aller Welt faßliche (natürliche) und eindringende Religion"[230] in der Geschichte ausgerichtet ist. Christus kann als Stifter der ersten wahren Kirche verehrt werden.[231] Eine wahre Kirche ist diejenige, „welche das (moralische) Reich Gottes auf der Erde, so viel es durch Menschen geschehen kann, darstellt."[232] Christi Lehren, wie der Mensch sich verhalten solle, um ins Himmelreich zu kommen, sagt Kant, kann „als zweifelsfreie Urkunde einer Religion überhaupt" angeführt werden, „(denn in der Idee selbst liegt schon der hinreichende Grund zur Annahme), und die freilich keine andere als reine Vernunftlehren werden sein können; denn diese sind es allein, die sich selbst beweisen, [...]."[233]

5.6 Die Vernunftreligion und die Lehre Christi

Die Entwicklung des Religionsbegriffs im 18. Jahrhundert führt bei Kant dazu, dass eine *geoffenbarte* Religion auch als *natürliche* Religion verstanden werden kann. Wir wenden uns nun der Frage zu, wie die *christliche* Religion, die durch die Offenbarung belegt ist, als *natürliche* Religion angesehen werden kann. Kant wählt die Offenbarung des Neuen Testaments, da er darin die Religion und die wahre Tugend sieht. Die Lehre Christi ist nach Kant die einzige, die einen Vernunftglauben vertreten kann. Sie beabsichtigt denselben Zweck den die Philosophen vertreten, nämlich das moralische Gute, und ist durch Vernunft begründet.[234]

---

229 Band VI, a. a. O. S. 102
230 Band VI, a. a. O. S. 158
231 vgl. Band VI, a. a. O. S. 159
232 Band VI, a. a. O. S. 101
233 Band VI, a. a. O. S. 159
234 vgl. Band VI, a. a. O. S. 157

5.6.1 Über den ethischen Wert einer Handlung

Kant wählt Matthäus' Schrift, um zu demonstrieren, dass die Menschen in einer Vernunftreligion, keine *bürgerliche* oder *statutarische* Gesetze brauchen außer das *allgemeine Gesetz*, welches die moralische Gesinnung ausmacht. Die von Matthäus niedergeschriebenen und von Christus gesprochenen Gebote, wählt Kant als wichtigste Gebote, interpretiert sie und erklärt ihre Bedeutung. Christi Lehre hat für Kants Religion einen symbolischen Wert und er wählt sie, weil sie für ihn die einzige ist, die nicht gegen das Prinzip der Vernunft verstoßt. Kant kann das zeigen anhand der Christi Lehre, dass Christus auch nicht *bürgerliche* oder *statuarische* Kirchenpflichten einfordert, sondern nur die reine moralische Herzgesinnung der Menschen zu Gottes Wohlgefallen.[235] Anhand von Christi Gebot über Ehebruch, zeigt Kant, dass es auch Christus nur auf den inneren Wert einer Handlung darauf kommt, denn Christus sagt folgendes:

„Wer ein Weib ansieht, ihrer zu begehren, der hat schon mit ihr die Ehe gebrochen in seinem Herzen."[236]

Mit diesem Gebot hat Christus das alte Gebot verschärft, das besagt: „Du sollst nicht ehebrechen."[237]

Das Gebot, das Christus verschärft, ist ein Gebot, das sich in geschehenen Handlungen äußert und zu denen es nicht kommen soll. Das Gebot, welches Christus vorschreibt, ist ein Gebot, welches schon die gedankliche Form betrifft. Diesen gedanklichen Vorgang des Ehebruchs setzt Christus gleich der geschehenen

---

235 vgl. Band VI, a. a. O. S. 159

236 Die Bibel, a. a. O. Matthäus, V, 28

237 Die Bibel, a. a. O. Matthäus, V, 27

Handlung. So ist vor Gott eine Sünde, die der Mensch in Gedanken hat, gleichzusetzen mit der Tat selbst.[238]

Christi Gebot orientiert sich nach der Herzgesinnung, denn diejenigen, die reinen Herzens sind, werden selig gesprochen und werden Gott schauen können.[239] Die Handlungen, die der Mensch ausführt, sind dann als gute Handlungen anzusehen, wenn der Mensch Christi Gebot mit seiner inneren Gesinnung des Herzens annimmt und die Handlung nach den Geboten ausübt. Solche Menschen haben ein gutes Herz.

Nach Kant ist ein Mensch ein guter moralischer Mensch, wenn er nach dem kategorischen Imperativ aus Pflicht handelt. Seine Handlungen sind berechenbar, weil der Mensch von Natur aus ein moralisches Wesen ist. Ob der Mensch gut oder böse ist, können wir nicht aufgrund seiner Handlungen, die er ausübt, beurteilen, sondern weil diese so beschaffen sind, dass sie auf gute oder böse Maximen in ihm schließen lassen. Gesetzwidrige und nicht gesetzwidrige Handlungen können wir durch Erfahrung bemerken, aber Maximen können wir nicht beobachten.[240] Ich möchte dies anhand eines Beispiels zur Ehe verdeutlichen.

Ein x ist mit y verheiratet, begehrt aber z. Er lebt weiter mit y, weil er sich nicht sicher ist, ob er auch z gefalle. Er denkt sich: Solange mir z nicht Zuneigung zeigt, will ich meine Ehe erhalten. Er verhält sich zu y weiterhin so gut wie vorher, und seine Handlungen sieht y als Liebe zu ihr. Was y von x nicht bemerkt, sind seine Maximen, die nicht als gut bezeichnet werden können.

Denn x verhält sich nur aus Eigenliebe so zu y, und nach seiner Maxime hat er schon seine Ehe gebrochen, denn er wartet nur

---

238 vgl. Band VI, a. a. O. S. 159

239 vgl. Die Bibel, a. a. O. Matthäus, V, 8

240 vgl. Band VI, a. a. O. S. 20

darauf, seinen Wunsch in die Tat umsetzen zu können. Wie Christus sagt, hat er in seinem Herzen die Ehe bereits gebrochen, und nach Kant sind x' Handlungen nicht als gut anzusehen, weil sie auf böse Maximen schließen lassen.

5.6.2 Das moralisch Gute und das radikal Böse

Im Alten Testament wird durch das Gebot „Schade um Schade, Auge um Auge, Zahn um Zahn“[241] den Menschen erlaubt, mit gleichen Maßen zu handeln, wie sie von ihren Mitmenschen behandelt worden sind. Mit solch einem Gesetz wird kein Friede gefordert. Christus hebt dieses Gesetz auf und ersetzt es durch ein Gebot, indem er von uns fordert, dass wir dem Übel nicht im gleicher Weise begegnen sollen, sondern dem Streitenden auf friedliche Weise zur Vernunft und Besinnung bringen, indem wir ihm mehr anbieten, als der Streitende es will.[242] Denn unsere Feinde sollen wir nicht hassen, sondern wohl tun, und die fluchen, sollen wir segnen.[243] Diese Forderung hebt das alte Gesetz auf, das besagt: „Du sollst deinen Nächsten lieben und deinen Feind hassen.“[244] Der natürliche, aber böse Hang des menschlichen Herzens soll mit den von Christus aufgestellten Geboten zu einem guten Hang des menschlichen Herzens führen, so soll das süße Gefühl der Rache in Duldsamkeit und der Hass seiner Feinde in Wohltätigkeit umgekehrt werden.[245] In diesem Zusammenhang ist es wichtig zu sagen, dass Kant der Meinung ist, dass der Hang zum *moralisch Bösen* aus menschlicher Freiheit entsprungen ist und nur dem Vermögen der freier Willkür zugerechnet werden kann.[246] Er

---

241 Die Bibel, a. a. O. 3. Mose 24, 20.

242 vgl. Die Bibel, a. a. O. Matthäus V, 39.-41.

243 vgl. Die Bibel, a. a. O. Matthäus V, 44.

244 Die Bibel, a. a. O. Matthäus V, 43. u. (3. Mose 19, 18.)

245 vgl. Band VI, a. a. O. S. 160

246 vgl. Band VI, a. a. O. S. 30 ff.

kann deswegen dem Vermögen der freien Willkür zugerechnet werden, weil der Wille frei ist. Durch seine Freiheit kann der Wille vom *Guten* zum *Bösen* sich wenden. Wenn der Wille sich vom *Guten* zum *Bösen* umwandelt, wird er durch sich selbst böse. Der Hang zum *Bösen* ist in der Willkür tief verwurzelt durch diese Urheberschaft aus Freiheit.[247] Den Hang zum *Bösen* nennt Kant einen natürlichen Hang zum *Bösen*, weil er in den Menschen verwurzelt ist und zum Charakter seiner Gattung gehört.[248]

Dieser natürliche Hang zum Bösen kann *Bösartigkeit* bzw. *Verkehrtheit* des menschlichen Herzens heißen und wird der Folge wegen auch ein *böses* Herz genannt, weil er die sittliche Ordnung in Ansehung der Triebfedern einer freien Willkür umkehrt. Durch diese Umkehrung der Triebfedern der freien Willkür wird die Denkungsart in ihrer Wurzel (was die moralische Gesinnung betrifft) verdorben.[249] „Bösartigkeit ist ein Ergebnis des Aufstandes und Widerstandes gegen das allein legitime Herrschaftsprinzip der Vernunft."[250] Da der natürliche Hang zum *Bösen* immer selbstverschuldet sein muß, nennt ihn Kant ein *radikales*, angeborenes, selbst zugezogenes *Böses* in der menschlichen Natur.[251] *Radikales Böses* ist er auch deswegen zu nennen, weil er den Grund aller Maximen dadurch verdirbt, dass er dem kategorischen Imperativ entgegenwirkt und zur Missachtung des moralischen Gesetzes führt.[252] Diesen natürlichen bösen Hang der menschlichen Willkür will Christus durch seine Gebote in einen Hang zum *moralisch Guten* umkehren. Wenn der Mensch zu reiner Gesinnung kommt und

---

247 vgl. Wimmer, a. a. O. S. 115

248 vgl. Band VI, a. a. O. S. 29 ff.

249 vgl. Band VI, a. a. O. S. 30 ff.

250 Kaulbach, Friedrich: Das Prinzip Handlung in der Philosophie Kants. Walter de Gruyter. Berlin 1978. S. 242

251 vgl. Band VI, a. a. O. S. 32

252 vgl. Band VI, a. a. O. S. 37

zur Einsicht gelangt, dass Christi Gebote zum Guten lehren und derselbe Mensch aus freien Stücken diese Gebote als göttliche Pflicht in seine Maxime aufnimmt sowie in seinen Handlungen ausübt[253], kann er hoffen, ins Himmelreich zu kommen. Die Handlungen, die Menschen ausüben, sollen aus der reinen Gesinnung entspringen. Die Menschen, die nur etwas tun, weil sie von ihren Mitmenschen gelobt oder gepriesen werden möchten, handeln nicht in Gottes Sinne. Zum Beispiel einem Bettler Geld zu geben, nur weil sie von anderen gelobt oder als Hilfsbereit bezeichnet werden möchten. Solche Handlungen haben vor Gott keinen Wert denn die so etwas tun, sollen es so tun, dass ihre linke Hand nicht weiß, was die rechte tut.[254] Nur dann wenn der Mensch in seiner Maxime das göttliche Gebot aufnimmt und seine Handlungen aus Pflicht ausübt, dann handelt er aus reiner Gesinnung. So, dass „von einem kleinen Anfange der Mittheilung und Ausbreitung solcher Gesinnungen, als einem Samenkorne in gutem Acker, oder einem Ferment des Guten, sich die Religion durch innere Kraft allmählich zu einem Reiche Gottes vermehren würde (XIII, 31. 32. 33.)."[255] Für Kants und Christi Ethik, ist entscheidende, das die Handlungen aus reiner Gesinnung folgen, aus der Achtung für das Gesetz bzw. Gebot.

5.6.3 Ethische Pflichten und göttliche Gebote

Als Christus von einem Schriftgelehrten Pharisäer gefragt wurde: „Meister, welches ist das vornehmste Gebot im Gesetz?"[256], fasst er die genannten Gebote in zwei folgende allgemeine Regeln:

253 vgl. Die Bibel,a. a. O. Matthäus, V, 16.

254 vgl. Die Bibel, a. a. O. Matthäus, VI, 3.

255 Band VI, a. a. O. S. 160

256 Die Bibel, a. a. O. Matthäus XXII, 36.

c. „Du sollst lieben Gott, deinen Herren, von ganzem Herzen, von ganzer Seele und von ganzem Gemüte."[257]

d. „Du sollst deinen Nächsten lieben wie dich selbst."[258]

Das erste Gebot fordert von dem Menschen, dass er Gott als den Gesetzgeber aller Pflichten über alles lieben soll, die Pflichten soll er tun aus keiner anderen Triebfeder außer dieser, den göttlichen Geboten zu folgen. Folgt der Mensch den göttlichen Geboten, kann er hoffen, wieder ins Himmelreich zu kommen, von woher er vertrieben worden ist, denn er sündigte, indem er das göttliche Gebot nicht befolgte. Gott hat den ersten Menschen, der im Garten Eden lebte, verboten, von dem Baum der Erkenntnis des Guten und Bösen zu essen, denn wenn er davon esse, werde er sterben, sagte Gott zu Adam und Eva.[259] Anstatt nun diesem Gesetze zu folgen, als hinreichender Triebfeder, die allein unbedingt gut ist, sah sich der Mensch doch nach anderen Triebfedern um, die nur bedingt gut sein können, wenn sie nicht gegen das Gesetz verstoßen. Die Triebfeder, an welcher der Mensch sich orientiert hat, machte er sich, „wenn man die Handlung als mit Bewußtsein aus Freiheit entspringend denkt, zur Maxime, dem Gesetze der Pflicht nicht aus Pflicht, sondern auch allenfalls aus Rücksicht auf andere Absichten zu folgen".[260] Der Mensch wusste, dass er sterben würde, wenn er von dem Baum der Erkenntnis des *Guten* und *Bösen* isst. Aus der Absicht, nicht zu sterben, nahm er Rücksicht auf das göttliche Gebot unter dem Prinzip der Selbstliebe und nicht, weil er vor dem Gesetz selbst Achtung hatte und das Gesetz in seine oberste Maxime aufnehmen wollte. Adam aß zunächst nicht von dem Baum der Erkenntnis aus Angst vor der Bestrafung. Nach

257 Die Bibel, a. a. O. Matthäus XXII, 37.

258 Die Bibel, a. a. O. Matthäus XXII, 39.

259 vgl. Die Bibel, a. a. O. 1. Mose II, 16 u. 17.

260 Band VI, a. a. O. S. 42

außen verhielt er sich jedoch so, als hätte er Achtung vor Gott und seinem Gebot. Mit dieser Einstellung hat er an dem göttlichen Gebot, das jede andere Triebfeder ausschließt, immer mehr gezweifelt und dann doch von dem verbotenen Baum Früchte gegessen. Dadurch verstieß er gegen das göttliche Gebot und sündigte somit. Der Hang zum *Bösen* ist bei Adam und Eva nicht angeboren, sondern eine Sünde, die aus Unschuld entstanden ist. Bei uns ist der Hang zum Bösen angeboren.[261] Diesen Hang zum *Bösen* kann der Mensch durch seine Willkür zum Guten umkehren, wenn er Christi Gebot, das „vornehmste und größte Gebot"[262] ist, aus Pflicht folgt und ihn als obersten Gesetzgeber anerkennt.

Das zweite Gebot ist die allgemeine gültige Pflicht, an dem das ganze Gesetz der Propheten hängt.[263] Das zweite Gebot lehrt, dass wir unsere Mitmenschen nicht als Mittel ansehen, sondern als Zweck, und ihr Wohl fordern, aber nicht aus eigenen egoistischen Triebfedern, die aus eigenem egoistischem Wohlwollen abgeleitet sind. Solche Menschen, die aus Eigenliebe handeln, handeln nicht nach der allgemeinen Pflicht sondern nach ihren eigenen Vorteilen, die sie aus ihrem Handeln erzielen wollen.

5.6.4 Ethische Forderung

Christi Gebote sind nicht nur „Tugendgesetze, sondern Vorschriften der Heiligkeit [...] denen wir nachstreben sollen, in Ansehung deren aber die bloße Nachstrebung Tugend heißt."[264]

Diejenigen, die das *moralische Gute* fördern durch Herzgesinnung und tugendhaftes Verhalten, werden ins Himmelreich kommen. Diejenigen aber, die das *moralisch Gute* nicht fördern, sondern es

---

261 vgl. Band VI, a. a. O. S. 42. f.

262 Die Bibel, a. a. O. Matthäus XXII, 38.

263 Die Bibel, a. a. O. Matthäus XXII, 40.

264 Band VI, a. a. O. S. 161

als himmlische Gabe von oben erwarten, denen spricht Christus alle Hoffnung dazu ab.[265] Den Menschen, denen die natürliche Anlage zum Guten seit dem Sündenfall geblieben ist, und welche diese unbenutzt lassen „im faulem Vertrauen, ein höherer moralischer Einfluß werde wohl die ihm mangelnde sittliche Beschaffenheit und Vollkommenheit sonst ergänzen“[266], droht Christi mit Strafe.

Die Anlage zum *Guten* soll von den Menschen gefördert werden, denn wenn sie es aus Faulheit nicht tun, wird ihnen auch das *Gute* genommen. Die Menschen, die die Anlage zum *Guten* mit ihrem Fleiß fördern, werden belohnt. Denn Christus sagt: „Wer da hat, dem wird gegeben werden, und er wird die Fülle haben; wer aber nicht hat, dem wird auch, was er hat, genommen werden.“[267] Christus führt ein Beispiel von einem Menschen an, der seinen Knechten Geld gab. Den drei Knechten wurde das Geld nach ihrem Vermögen zugeteilt: So bekamen alle drei unterschiedlich viel Geld. Der Herr ließ die Knechte eine Zeit lange allein mit dem Geld. Als er zurückkam und wissen wollte, was sie wohl aus seinem Geld gemacht haben, erfuhr er von den zwei Knechten, dass sie sein Geld verdoppelt hatten. Im Gegensatz dazu hatte der dritte Knecht noch die gleiche Summe an Geld, die er von seinen Herren bekommen hat. Weil er faul war, hatte er mit dem Geld nicht gehandelt, sondern es vergraben: Er sagte aber seinem Herren Folgendes: „Herr, ich wußte, daß du ein harter Mann bist; du schneidest, wo du nicht gesät hast, und du sammelst, da du nicht gestreut hast.“[268] und weil er deswegen vor ihm Furcht hatte, hatte er das Geld vergraben. Nun, dieser Knecht hatte die Freiheit ge-

---

[265] vgl. Band VI, a. a. O. S. 161

[266] Band VI, a. a. O. S. 161

[267] Die Bibel, a. a. O. Matthäus XXV, 29.

[268] Die Bibel, a. a. O. Matthäus XXV, 24.

habt, aus dem Guten mehr zu erwerben, und weil er es aus der Faulheit nicht tat, sagt Christus, wird er bestraft und in die Finsternis geworfen. Das *Gute* wird ihm abgenommen und anderen gegeben, der die Anlage zum *Guten* fördert. [269]

5.6.5 Moralische Gesinnung und Hoffnung

Die Menschen, die sich sittlich verhalten und Christi Pflichten folgen, können auf Belohnung hoffen, die sie im Himmelreich bekommen.[270] Wenn sie wegen ihres sittlichen Verhaltens sowie wegen Befolgung der Lehre Christi verspottet werden von ihren Mitmenschen, können sie ihre Glückseligkeit, die sie auf der Erde aufopfern, im Himmelreich als Belohnung haben.[271] Diejenigen, die nach der Gerechtigkeit streben, werden sie bekommen, und die, die nach Barmherzigkeit verlangen, werden sie erlangen.[272] Christus verspricht den Menschen verschiedene Belohnungen, die sie im Himmelreich ihrer Gesinnung gemäß erwarten können. Diejenigen, die Frieden verbreiten, werden Gott schauen können. Christus verspricht den Menschen zwei Arten der Belohnung, die sie im Himmelreich erwarten. Die Menschen, die aus der Pflicht die göttlichen Gebote befolgen, aus reiner Gesinnung, ohne dass sie auf eine Belohnung hoffen, werden bestens belohnt, denn sie werden zu den Auserwählten in seinem Reich erklärt. Die anderen Menschen, die zwar auch göttliche Gebote befolgen, aber nur in der Hoffnung auf Belohnung, gehören nicht zu den Auserwählten, denn sie tun ihre Wohltätigkeit an Dürftigen nicht aus bloßen Bewegungsgründen der Pflicht.[273] sondern aus Sorge um ihr eigenes Wohlbefinden im von Christus versprochenen Himmelreich. Kant

---

269 vgl. Band VI, a. a. O. S. 161 u. Die Bibel, a. a. O. Matthäus XXV, 29 u. 30.

270 vgl. Die Bibel, a. a. O. Matthaus V, 13.

271 vgl. Band VI, a. a. O. S. 161

272 Die Bibel, a. a. O. Matthäus VII, 8.

273 vgl. Die Bibel, a. a. O. Matthäus XXV, 35.–40.

sagt, man könne hier auch sehen, „daß der Lehrer des Evangeliums, wenn er von der Belohnung in der künftigen Welt spricht, sie dadurch nicht zur Triebfeder der Handlungen, sondern nur (als seelenerhebende Vorstellung der Vollendung der göttlichen Güte und Weißheit in Führung des menschlichen Geschlechts) zum Objekt der reinsten Verehrung und des größten moralischen Wohlgefallens für eine die Bestimmung des Menschen im Ganzen beurtheilende Vernunft habe machen wollen."[274]

274 Band VI, a. a. O. S. 162

6 Das Verhältnis von Gottseligkeit zur kantischen Ethik; im Besonderen seine Tugendlehre im Verhältnis zur *statutarischen* Religion

Gottseligkeit und Tugendlehre stehen in notwendiger Verbindung mit einander. Die Tugendlehre kann durch sich selbst bestehen, ohne den Begriff von Gott. Die Gottseligkeitslehre erhält über die Moralität den Begriff vom übersinnlichen Wesen (Gott), das „wir uns in Beziehung auf unsere Moralität, als ergänzende Ursache unseres Unvermögens in Ansehung des moralischen Endzwecks vorstellen."[275] Religion bedeutet zu Kants Zeit am ehesten im objektiven Sinne die Gottseligkeitslehre[276], subjektiv betrachtet ist sie die „Erkenntniß aller unserer Pflichten als göttlicher Gebote."[277] Das oberste Ziel der Religion ist es, die sittliche Qualität des Menschen zu sichern. Zweck der Gottseligkeitslehre ist einerseits, dass der Mensch sich Gott hingibt, und andererseits, dass er Furcht vor Seiner Majestät hat, in „Befolgung seiner Gebote aus [...] Achtung fürs Gesetz."[278] Diesen Zweck zu erreichen, dienen göttliche Gebote, die uns anweisen, was wir tun sollen. Gottseligkeitslehre ist wiederum ein Mittel, nämlich das Mittel zum Endzweck, das höchste Gut zu erreichen. „Die höchsten Zwecke [...] sind die der Moralität."[279] Das höchste Gut ist Inbegriff der *höchsten Zwecke* und besteht aus zwei Elementen, nämlich Glückseligkeit und Sittlichkeit, die miteinander in einem Verhältnis stehen. Glückseligkeit ist der empirische Zweck und Sittlichkeit der intelligible Zweck. Der Bewegungsgrund des moralischen Gesetzes ist die Würdigkeit, glücklich zu sein. Das moralische Gesetz, „gebietet,

---

275 Band VI, a. a. O. S. 183

276 so hat es Kant gemeint: vgl. sein Zitat Band VI, a. a. O. S. 182

277 Band VI, a. a. O. S. 153

278 Band VI, a. a. O. S. 182

279 Band III, a. a. O. S. 529

wie wir uns verhalten sollen, um nur der Glückseligkeit würdig zu werden."[280] „Als die Würdigkeit, glücklich zu sein, ist die Sittlichkeit Ausgangs- und Gipfelpunkt einer Tugendlehre, sowie des Systems der Tugendpflichten."[281] Der Zweck unserer reinen praktischen Vernunft ist, die Doppelnatur des Menschen mittels Ideen unter einer „systematischen Einheit der Zwecke"[282], nämlich des höchsten Guts zu bringen. Die Glückseligkeit ist „der Zustand eines vernünftigen Wesens in der Welt, dem es im Ganzen seiner Existenz, alles nach Wunsch und Willen geht [...]."[283] Dieses vernünftige Wesen kann nicht selbst Ursache der Welt und der Natur sein. In der praktischen Aufgabe der reinen Vernunft wird, zur notwendigen Hinführung zum höchsten Gute, ein Zusammenhang zwischen der Natur und der davon unterschiedenen Ursache der gesamten Natur als notwendig postuliert: „wir sollen das höchste Gut (welches also doch möglich sein muß) zu befördern suchen. Also wird auch das Dasein einer von der Natur unterschiedenen Ursache der gesamten Natur, welche den Grund dieses Zusammenhanges, nämlich der genauen Übereinstimmung der Glückseligkeit mit der Sittlichkeit, enthalte, postuliert."[284] Diese oberste Ursache der Natur soll den Grund der Übereinstimmung der Glückseligkeit mit der Sittlichkeit enthalten.[285] Die oberste Ursache der Natur ist, „sofern sie zum höchsten Gute vorausgesetzt werden muß, ein Wesen, das durch Verstand und Wille die Ursache (folglich der Urheber) der Natur ist, d. i. Gott. Folglich ist das Postulat der Möglichkeit des höchsten abgeleiteten Guts (der besten Welt) zugleich das Postulat der Wirklichkeit eines

280 Band III, a. a. O. S. 523

281 Forkl, a. a. O. S. 243

282 Band III, a. a. O. S. 528

283 Band V, a. a. O. S. 124

284 Band V, a. a. O. S. 124

285 vgl. Band V, a. a. O. S. 125

höchsten ursprünglichen Guts, nämlich der Existenz Gottes."[286] Das Dasein Gottes ist „die metaphysische Voraussetzung für die Wirklichkeit einer moralischen Weltordnung."[287] Gott wird als oberster Gesetzgeber in Bezug auf die sittliche Ordnung gedacht. „Die Gottseligkeit kann also nicht für sich den Endzweck der sittlichen Bestrebung ausmachen, sondern nur zum Mittel dienen, das, was an sich einen besseren Menschen ausmacht, die Tugendgesinnung, zu stärken, dadurch, daß sie ihr (als einer Bestrebung zum Guten, selbst zur Heiligkeit) die Erwartung des Endzweckes, dazu jene unvermögend ist, verheißt und sichert."[288] Der Mensch[289] als moralisch vernünftiges Wesen, will und muß sein sittliches Wollen in Zwecken konkretisieren. Er kann nur dann die unbedingte sittliche Zwecksetzung erreichen, wenn er in seine Maxime das höchste Gut aufnimmt. Das *höchste* Gut ist eine regulative Idee eines Zweckreiches.[290] In diesem Reich der Zwecke harmonisieren „Natur und Freiheit so, daß durch Naturkausalität die Glückseligkeit aus der glückswürdigen sittlichen Handlung folgt. Vor dem Horizont eines solchen Ortes machen nur zwei Zwecke sittlichen Sinn: das Handeln auf eigene Vollkommenheit und das Handeln auf fremde Glückseligkeit hin. Diese Zwecke sind sittlich geboten. Ihre vollkommene Realisierung würde phänomenal das Reich Gottes auf Erden errichten als Reich sittlicher Subjekte. Das Noumenon höchstes Gut ist so Realisationsbedingung seiner selbst als Phänomen. In diesem höchsten Gut kann

---

286 Band V, a. a. O. S. 125

287 Scholz, a. a. O. S. 77

288 Band VI, a. a. O. S. 183

289 Mensch ist sowohl Subjekt der Erscheinungswelt und als auch moralisches Subjekt. Es sind im Grunde zwei Welten, die Kant darstellt. Der Mensch ist ein Vernunftwesen, das dem Reich der Zwecke und dem Naturreich angehörig ist.

290 vgl. Dierksmeier, a. a. O. S. 74

sich das sittlich reflektierende Subjekt enthalten und erhalten denken."[291]

In einer *statutarischen* Religion ist Gottseligkeit ein *Mittel,* um die *statutarischen* Gesetze zu stärken. Der Zweck nach außen ist der, dass die Menschen sich so verhalten sollen, wie es ihnen die *statutarische* Religon vorschreibt, um gottselige Menschen zu werden, damit sie die Glückseligkeit im Reich Gottes erlangen. Die Lehre Christi und die Gottseeligkeitslehre dienen ihnen zum Mittel, um ihre Zwecke zu erreichen, wie Reichtum, Macht und Ehre. Glauben an Christus heißt, sich treu der *statutarischen* Religion zu ergeben in Befolgung ihrer *statutarischen* Grundsätze. Nach außen tun sie so, als ob sie Absicht haben, das sittlich Gute zu befördern.

Nach Labadie und Tersteegen gibt es zwei Arten der Pflichten der wahren Gottseligkeit:

a) innerliche Pflichten

   Pflichten der Demütigung vor Gott sind die der „Anruffung / der Betrachtung / der Beschauung / der Anbetung / der Dancksagung / des Lobes / der Liebe / der Aufopfferung […]."[292]

b) äußere gottselige Pflichten

   „Gutes hören / lesen / beten / singen / und dergleichen / aus einem solchen Grund und Herzens-Gestalt hervor fliessen / und hervor fliessen müssen / wo sie anderst mit Nutzen sollen ausgeübet / und mit einem Grund ein Gottesdienst genannt werden."[293]

Kant stellt fest, dass es in einer *statutarischen* Religion drei Arten des *Wahnglaubens* gibt: den Glauben an *Wunder,* den Glauben an

291 Dierksmeier, a. a. O. S.74

292 Hand-Büchlein der wahren Gottseligkeit(1727). a. a. O. (Vorwort) S. XXIX

293 Hand-Büchlein der wahren Gottseligkeit(1727). a. a. O. (Vorwort) S. XXIX

Geheimnisse und den Glauben an *Gnadenmittel*. Der Glaube an *Gnadenmittel* ist ein Wahn, durch den der Mensch glaubt, dass er durch den Gebrauch bloßer Naturmittel (Kirchengang, Aufopferung, Danksagung, Taufe usw.) den Einfluss Gottes auf unsere Sittlichkeit hervorbringen kann.[294]

Der wahre moralische Dienst Gottes besteht nicht aus so genannten *Gnadenmitteln*. Solche *Mittel* dienen nur zur Selbsttäuschung, weil man sich dadurch die Hoffnung macht und glaubt, ein Gott wohlgefälliger Mensch zu werden und im Dienste Gottes zu sein. Hier werden den Gläubigen einer *statutarischen* Religion von den Repräsentanten der Kirche Versprechungen gemacht für den Fall, dass sie regelmäßig in die Kirche gehen, sich taufen lassen, beten, an der Kommunion oder auch Konfirmation teilnehmen, im Dienste Gottes stehen und wahre Gottseligkeit üben. Nun stellt sich die Frage, in welchem Dienste diese gläubigen Menschen stehen – in den Diensten der Kirche oder in den Diensten Gottes? Der wahre moralische Dienst Gottes ist der Dienst des Herzens, der nur in der Gesinnung, „der Beobachtung aller wahren Pflichten als göttliche Gebote, nicht in ausschließlich für Gott bestimmten Handlungen bestehen“[295] kann. Der angebliche Dienst Gottes der *statutarischen* Religion ist dem moralischen Dienst Gottes entgegengesetzt. Der moralische Dienst Gottes kann nicht beobachtet werden, weil er auf der Moralität beruht. Daher kann der Dienst Gottes in einer *statutarischen* Religion nur der Dienst der Kirche sein, weil er sinnlicher Natur ist und nicht aus der reinen Gesinnung entspringt, aus der Befolgung des göttliches Gebotes, aus Achtung fürs Gesetz. Alle diese *Gnadenmittel* haben keinen moralischen Wert. Sie haben weder mit Gottseligkeits- noch mit der Tugendlehre etwas gemeinsam. Sie dienen nicht als Mittel, die Tu-

---

294 vgl. Band VI, a. a. O. 194

295 Band VI, a. a. O. S. 192

gendgesinnung zu stärken, sondern nur der *statutarischen* Religion, die, indem sie viele Menschen von ihren *statutarischen* Grundsätzen überzeugt, ihre Größe und Macht sichern kann. Aus dem Gesagten folgt, dass in einer *statutarischen* Religion nicht die wahre Gottseligkeit vorkommt, weil Gnadenmittel als wahre Gottseligkeit angesehen werden, die der Vernunft und Moralität in einer moralischen Religion entgegenstehen.

ANHANG

1. Der Mensch ist böse, wenn er vom moralischen Gesetz bewusst abweicht

Der Mensch ist böse, sagt Kant, „nicht darum, weil er Handlungen ausübt, welche böse (gesetzwidrig) sind; sondern weil diese so beschaffen sind, daß sie auf böse Maximen in ihm schließen lassen."[296] Gesetzwidrige Handlungen können wir durch Erfahrung erkennen, aber Maximen können wir nicht beobachten. Kann ein kleines Kind gesetzwidrig handeln? Ein kleines Kind hat keine Maxime in sich. Zum Beispiel: Ein zweijähriges Kind spielt auf einem Spielplatz und bewirft andere Kinder mit Sand. Ich kann nicht auf Grund seiner Handlung behaupten, dass das Kind böse sei. Die Handlungen, die das Kind ausübt, sind nicht a priori mit Bewusstsein böse Handlungen, die in ihm auf eine böse Maxime schließen lassen.[297] Die Handlung des Kindes ist zwar nicht wünschenswert, aber das Kind kann ein anderes Kind mit Sand bewerfen weil:

a) Es mit dem anderen Kind spielen will
b) Es erfahren möchte, wie das Kind darauf reagiert
c) Es allein spielen möchte

Und nicht, weil es sich vorgenommen hat, das andere Kind zu verletzen. Das Kind handelt nach seinen Gefühlen und nicht nach seinen Maximen, die es in diesem Alter noch nicht hat.

Wenn Kant sagt „der Mensch ist böse", bedeutet dies, dass der Mensch sich „des moralischen Gesetzes bewußt ist, und [...] doch die (gelegenheitliche) Abweichung von demselben in seine Maxi-

---

296 Band VI, a. a. O. S. 20

297 vgl. Band VI, a. a. O. S. 20 f.

me aufgenommen (hat)."[298] Mit anderen Worten - der Mensch handelt unmoralisch, d.h. sittlich böse oder moralisch, d.h. sittlich gut. Ein Beispiel dazu: x beabsichtigte, mit einem öffentlichen Verkehrsmittel in die Stadt zu fahren, möchte aber das Fahrgeld sparen. So steigt x ohne Fahrkarte in die Straßenbahn, in der Hoffnung, nicht erwischt zu werden. x denkt: „Ich will keine Fahrkarte kaufen, damit spare ich das Geld, und aus Erfahrung weiß ich, dass in dieser Zeit normalerweise keine Kontrolle kommen wird." Mit seiner Maxime weicht x vom allgemeinen Gesetz ab, das besagt: Jeder muss mit einer gültigen Fahrkarte mit öffentlichen Verkehrsmitteln fahren. Wenn alle schwarzfahren würden, bzw. keiner eine Fahrkarte kaufen würde, um Geld zu sparen, würden die öffentlichen Verkehrsmittel gefährdet, weil sie nicht mehr finanzierbar wären. x weicht also bewusst mit seiner Maxime vom allgemeinen Gesetz bzw. von der allgemeinen Verkehrsordnung ab, und somit ist x nach Kants formaler Ethik - ein Mensch, der unmoralisch handelt. x handelte auch dann gesetzwidrig, wenn er schwarz fahren würde, weil er kein Geld hätte, um sich eine Fahrkarte kaufen zu können. Bei Kant ist das moralische Gesetz ein universales Gesetz, das keine Ausnahme zulässt und für jedes vernünftige Wesen in gleichermaßen gültig ist. Der Mensch und jedes vernünftige Geschöpf, ist Zweck an sich. Der Mensch nämlich ist das Subjekt des moralischen Gesetzes, welches heilig ist, vermöge der Autonomie seiner Freiheit.

1.1 Der Ursprung des moralisch Bösen

Der Ursprung[299] des moralisch Bösen kann nicht im Zeitursprung gesucht werden, weil die „Bestimmung der Willkür zu ihrer (der

---

298 Band VI, a. a. O. S. 32

299 „Ursprung (der erste) ist die Abstimmung einer Wirkung von ihrer ersten, d.i. derjenigen Ursache, welche nicht wiederum Wirkung einer andern Ursache von derselben Art ist". (Band VI, a. a. O. S. 39) Der Ur-

Wirkung auf eine Ursache) Hervorbringung nicht als mit ihrem Bestimmungsgrund in der Zeit, sondern bloß in der Vernunftvorstellung, verbunden gedacht (wird), und kann nicht als von irgend einem vorhergehenden Zustande abgeleitet werden; welches dagegen allemal geschehen muß, wenn die böse Handlung als Begebenheit in der Welt auf ihre Naturursache bezogen wird." [300] Sich den Ursprung des *moralisch Bösen* im Menschen so vorzustellen, dass es durch Vererbung von den ersten Eltern auf uns gekommen sei, ist die unschicklichste Vorstellungsart. Das *moralisch Böse* ist weder im Geschlecht und bei den Vorfahren noch in dem, was wir selbst nicht getan haben, zu suchen. [301] Der Ursprung des Bösen wird hier nur in bösen gegebenen Handlungen, in böser Willkür gesehen, wozu die Anlage dazu nicht gerechnet wird. Kant sagt: „Eine jede böse Handlung muß, wenn man den Vernunftursprung derselben sucht, so betrachtet werden, als ob der Mensch unmittelbar aus dem Stande der Unschuld in sie gerathen wäre."[302] „Wenn aber jemand bis zu einer unmittelbar bevorstehenden freien Handlung" böse war, „so ist es nicht allein seine Pflicht gewesen, besser zu sein; sondern es ist jetzt noch seine Pflicht, sich zu bessern."[303] Wenn derjenige seiner Pflicht nicht nachkommt, dann ist er in dem Moment, wo er seine Handlung ausübt so zu sehen, als ob er aus dem Stande der „Unschuld zum Bösen" überginge. Daraus folgt: Wir können also nicht nach dem Zeitursprunge, sondern müssen bloß nach dem „Vernunftursprunge dieser That fragen, um danach den Hang, d.i. den subjektiven allgemeinen

---

sprung kann als Vernunft oder Zeitursprung in Betrachtung gezogen werden. Im Vernunftursprung wird die Existenz (Dasein) der Wirkung betrachtet. Im Zeitursprung das Geschehen der Wirkung, die wiederum auf die Ursache in der Zeit bezogen wird. (vgl. Band VI, a. a. O. S.39)

300 Band VI, a. a. O. 39 f.

301 vgl. Band VI, a. a. O. S. 40

302 Band VI, a. a. O. S. 41

303 Band VI, a. a. O. S. 41

Grund der Aufnehmung einer Übertretung in unsere Maxime, wenn ein solcher ist, zu bestimmen, und wo möglich zu erklären."[304] Die Bibel schildert den Ursprung des Bösen als einen Anfang des Bösen, in der menschlichen Gattung, was auch Kants Interpretation entspricht. Nach der Bibel beginnt das Böse mit der Sünde, und der Zustand des Menschen, vor allem der Hang zum Bösen, ist der Stand der Unschuld. Die Sünde ist die Übertretung des moralischen Gesetzes, das als göttliches Gebot betrachtet wird. „Das moralische Gesetz ging, wie es auch beim Menschen, als einem nicht reinen, sondern von Neigungen versuchten Wesen sein muß, als Verbot voraus, (1 Mose II, 16. 17.)."[305] Der Hang zum Bösen bleibt unerforschbar, weil er uns selbst zugerechnet werden muss. Das Böse hat aber nur aus dem *moralisch Bösen* entspringen können, und die ursprüngliche Anlage war eine Anlage zum Guten. Nur der Mensch konnte durch Korruption die Anlage zum Guten verderben, durch seinen freien Willen. Trotzdem ist nicht nachvollziehbar, woher das erste *moralisch Böse* in uns kam. Die Bibel schildert es so, dass das Böse am Anfang der Welt „in einem Geiste von ursprünglich erhabener Bestimmung"[306] vorangeschickt, aber noch nicht im Menschen war. Der erste Anfang alles Bösen überhaupt ist unbegreiflich, sagt Kant, denn woher kam bei jenem Geiste das Böse? Der Mensch ist aber durch Verführung ins Böse gefallen. Dem Menschen ist die Anlage zum Guten und ein *guter Wille*[307] geblieben, und somit kann er wieder zum Guten umkehren, wenn er das will.[308]

304 Band VI, a. a. O. S. 41

305 Band VI, a. a. O. S. 42

306 Band VI, a. a. O. S. 43

307 Der gute Wille ist das *höchste Gut* und enthält den Begriff der Pflicht. In dem Begriff der Pflicht ist der Begriff des guten Willens deshalb enthalten, weil der guter Wille des Handelnden ist, was einer aus Pflicht vor dem moralischen Gesetz und nicht nur pflichtmäßig aus Eigennutz tut. Nur ausgeführte Handlungen, die aus dieser Pflicht heraus geschehen,

2. Das radikal Böse in der menschlichen Natur

Kant zeigt, dass die Menschen im Naturzustand keine Vorteile haben, wie uns manche Philosophen beweisen wollen, die die Ansicht vertreten, dass in solch einem Zustand die Gutartigkeit der menschlichen Natur vorzüglich anzutreffen ist.[309] Rousseau ist einer dieser Philosophen, die glauben, dass der Mensch im Naturzustand mehr Vorteile hat als in einem bürgerlichen Zustand. Er geht davon aus, dass ein Mensch im Naturzustand mehr natürliche Freiheit und unbegrenztes Recht hat, als im bürgerlichen Zustand. Einen Krieg „Mann gegen Mann" kann es nach Rousseau im Naturzustand nicht geben.[310] Kant dagegen ist der Meinung, dass der Naturzustand ein Kriegszustand ist. Nach Meinung der Wilden ist die höchste Tugend Kriegstapferkeit. Kant nennt den immerwährenden Krieg zwischen Arathapescau und Hundsribben-Indianern, die keine andere Absicht als bloß das Totschlagen haben. Die Sieger preisen ihre Großtaten durch Zerstörung der Gegner und sehen diese als gute Taten. Im Naturzustand hat man mehr Laster der Rohheit als nötig ist.[311] Hobbes hat in seinem Werk „Leviathan" den Naturzustand sehr ausführlich dargestellt. Der Naturzustand ist bei Hobbes wie bei Kant ein permanenter Kriegszustand, indem sich der Mensch im Krieg „eines jeden gegen jeden" befindet; anders als bei Rousseau, der in seinem „Gesellschaftsvertrag" sagt, dass es so einen Zustand nicht geben

haben moralischen Wert. Ein guter Wille ist der Wille eines Menschen, der sich nicht durch materielles, sondern allein durch formales Prinzip dazu bestimmen lässt, so zu handeln, wie er handeln will, nicht durch die Wirkung, sondern durch Vorstellung des moralischen Gesetzes.

308 vgl. Band VI, a. a. O. S. 43 ff.

309 vgl. Band VI, a. a. O. S. 33

310 vgl. Rousseau, Jean-Jacques: Vom Gesellschaftsvertrag oder Grundlagen des politischen Rechts. Insel Verlag. Frankfurt am Main und Leipzig 1966. S. 18 ff.

311 vgl. Band VI, a. a. O. S. 33 ff.

kann.[312] Kant zeigt, dass im Naturzustand keine Gutartigkeit, sondern nur Bösartigkeit des Menschen zu finden ist. Geht man davon aus, dass die menschliche Natur im gesitteten Zustand besser zu erkennen ist, dann trifft man bei Menschen auf gegenseitiges Misstrauen. Die Menschen klagen über eine geheime Falschheit, die auch bei besten Freunden anzutreffen ist. Das gegenseitige Vertrauen kann nur durch die allgemeine Maxime der Klugheit entstehen. Hier trifft man bei Menschen auf den Hang, auch denjenigen zu hassen, dem sie verbunden sind. Es kommt zur allgemeinen Verurteilung eines Menschen. Und dieser Mensch ist dann in den Augen der anderen ein böser Mensch, der zur allgemeinen Klasse gehört. Einem Menschen, der von anderen so beurteilt wird, bleibt nichts anderes übrig, als sich von diesen Menschen zurück zu ziehen, um bei sich selbst einen Menschenhass, der aufkommen könnte, zu vermeiden. Tut er das nicht, dann befindet er sich in einem rohen Naturzustand, einem Stand der beständigen Kriegsverfassung. [313]

Der Grund des Bösen kann aber auch nicht in der Sinnlichkeit selbst gesetzt werden. Sinnlichkeit vermittelt uns die Gegenstände, und sie allein liefert uns Anschauungen, aber durch den Verstand werden sie gedacht, und von ihm entspringen die Begriffe.[314] Kant sagt in seiner Kritik der reinen Vernunft: „Gedanken ohne Inhalt sind leer, Anschauungen ohne Begriffe sind blind."[315] Ohne unsere Sinnlichkeit würde uns kein Gegenstand gegeben und ohne unseren Verstand kann kein Gegenstand gedacht werden. Der Grund des Bösen kann also nicht in der Sinnlichkeit gesucht werden, da sie nur für die Anschauung zuständig und Die-

312 vgl. Fetscher a. a. O. S. 96

313 vgl. Band VI, a. a. O. S. 33 f.

314 vgl. Band IV, a. a. O. S. 29

315 Band IV, a. a. O. S. 48

nerin des Verstandes ist. Die Sinnlichkeit denkt selber nicht, und Kant betont in seiner Anthropologie, dass sie unter die Herrschaft der Vernunft bzw. des Verstandes gebracht werden muss. Hat die Vernunft Macht über den Menschen, dann sind die sinnlichen Triebfedern machtlos. Sie werden durch die Macht der Vernunft entwertet.[316] Wenn die Sinnlichkeit dem Menschen die Triebfeder, die aus der Freiheit entspringen können, wegnimmt, dann macht sie ihn zu einem tierischen Wesen, einem Wesen ohne Zwecke und Moral. Der Mensch als solch tierisches Wesen würde von moralischen Gesetzen entbunden und erhielte gleichsam eine boshafte Vernunft und bösen Willen. Da aber die Willkür ohne alle Triebfedern nicht bestimmt werden kann, würde das Subjekt zu einem teuflischen Wesen. Es kann aber beides nicht zutreffen, weil der Widerstreit gegen das Gesetz selbst zur Triebfeder erhoben würde. Der Hang zum Bösen muss aus dem Begriff des Bösen, soweit es nach den Gesetzen der Freiheit möglich ist, a priori erkannt werden.[317]

Der Mensch hängt an den Triebfedern der Sinnlichkeit, und er nimmt sie nach dem subjektiven Prinzip der Liebe in seine Maxime auf. Praktische Vernunft setzt ihren Willen zur Macht durch, indem sie egoistische Maßstäbe des Menschen durch die Umwandlung der Denkart in ihre Maßstäbe umwertet. Diese Umwandlung der Maßstäbe ist eine innere Revolution, in der die Machtverhältnisse der auf das Subjekt einwirkenden Motive verwandelt werden. Revolution heißt es deswegen, weil die Vernunft den obersten Grund der Maxime vom Schlechten zum Guten kehrt. Die Triebfedern der Sinnlichkeit werden durch diese Umwandlung beherrscht. Der egoistische Wille wird beschränkt und

316 vgl. Kaulbach, a. a. O. S.216

317 vgl. Band VI, a. a. O. S. 36

unter die Herrschaft der Vernunft gebracht.[318] Dieser revolutionären Denkart der Vernunft zufolge übernimmt das moralische Gesetz die Herrschaft. Wenn ein solcher Prozess im Menschen stattfindet, dann ist der Mensch moralisch gut. Geschieht es aber, dass der Mensch die Triebfedern der Sinnlichkeit zur Bestimmung der Willkür in seine Maxime aufnimmt, ohne sich an das moralische Gesetz halten, so ist er *moralisch böse,* da es nach seinem egoistischen Wohlergehen strebt, ohne Rücksicht auf andere zu nehmen.[319]

---

318 vgl. Kaulbach, a. a. O. S. 214

319 vgl. Band VI, a. a. O. S. 36

Literaturverzeichnis

Aquinatis, S. Thomae: Summa Theologiae, Pars Iia Iiae. Marietti 1962.

Augustinus, Aurelius; Dombart, Bernhard; Kalb, Alfons: Sancti Aurelii Augustini Episcopi. De civitate Dei. Libri XXII. Recognoverunt Bernardus Dombart et Alfonsus Kalb. Vol. I Lib. I–XIII. Wissenschaftliche Buchgesellschaft. Darmstadt.

Bahr, Joachim; Kochs Theodor und andere Mittarbeiter in den Arbeitsstellen des Deutschen Wörterbuches zu Berlin und Göttingen. Deutsches Wörterbuch von Jacob und Wilhelm Grimm. Band 8, Vierter Band I. Abteilung 5. Teil Glibber-Gräzist. Deutscher Taschenbuch Verlag. München 1984.

Bauch, Bruno: Immanuel Kant. Dritte Auflage. Walter de Gruyter & Co. Berlin, Leipzig 1923.

Bellinger, Gerhard J.: Knaurs grosser Religions Führer. 670 Religionen, Kirchen und Kulte, weltanschaulich-relgiöse Bewegungen und Gesellschaften sowie religionsphilosophischen Schulen. Droemer Knaur. München 1992.

Bohatec, Josef: Religionsphilosophie Kants in der *Religion innerhalb der Grenzen der bloßen Vernunft*. Georg Olms Verlagsbuchhandlung. Hildesheim 1966.

Brecht, Martin (Hrsg.): Der Pietismus von siebzehnten bis zum frühen achtzehnten Jahrhundert, Band I, Geschichte des Pietismus. Vandenhoeck & Ruprecht. Göttingen 1993.

Burkard, Franz-Peter; Prechtl,Peter (Hrsg.): Metzler Philosophie Lexikon, Begriffe und Definition. Metzler. Stuttgart, Weimar 1996.

Deutscher Bundestag (Hrsg.): Fragen an die deutsche Geschichte: Ideen, Kräfte, Entscheidungen von 1800 bis zur Gegenwart. 17. Auflage. Bonn 1991.

Die Bibel oder die ganze Heilige Schrift des Alten und Neuen Testaments. Nach der deutschen Übersetzung D. Martin Luthers. Naumann & Göbel Verlag. Köln.

Dierksmeier, Claus: Das Noumenon Religion. Eine Untersuchung zur Stellung der Religion im System der praktischen Philosophie Kants. Walter de Gruyter. Berlin, New York 1998.

Fahlbusch, Erwin (Hrsg.): Taschenlexikon: Religion und Theologie. Band 3: L–R. Vandenhoeck & Ruprecht. Göttingen 1971.

Fetscher, Iring (Hrsg.): Thomas Hobbes, Leviathan oder Stoff, Form und Gewalt eines kirchlichen und bürgerlichen Staates. Übersetzt von W. Euchner. Suhrkamp. Frankfurt am Main 1988.

Forkl, Markus: Kants System der Tugendpflichten: eine Begleitschaft zu den >Metaphysischen Anfangsgründen der Tugendlehre<, Peter Lang. Europäischer Verlag der Wissenschaften. Frankfurt am Main 2001.

Gawlick, Günter (Hrsg.): Hermann Samuel Reimarus, Die vornehmsten Wahrheiten der natürlichen Religion. Band I. Vandenhoeck & Ruprecht. Göttingen 1985.

Georges, Karl Ernst; Georges, Heinrich: Ausführliches lateinisch-deutsches Handwörterbuch: aus den Quellen zusammengetragen und mit besonderer Bezugnahme auf Synonymik und Antiquitäten unter Berücksichtigung der besten Hilfsmittel / ausgearbeitet von Karl Ernst Georges. 11. Auflage, Nachdruck der achten verbesserten und vermehrten Auflage von Heinrich Georges. Zweiter Band. Hahnsche Buchhandlung. Hannover 1962.

Gründer, Karlfried; Ritter, Joachim (Hrsg.): Historisches Wörterbuch der Philosophie. Band 8: R–Sc. Wissenschaftliche Buchgesellschaft. Darmstadt 1992.

Kant, Immanuel: Beweisgrund zu einer Demonstration des Daseins Gottes nebst den anderen kleineren Schriften zur Religionsphilosophie. Der II. Abteilung von Kant's Kleinen Schriften zur Ethik und Religionsphilosophie. Zweite Auflage durchgesehen von Friedrich Michael Schiele. Verlag der Dürr'schen Buchhandlung. Leipzig 1902.

Kaulbach, Friedrich: Das Prinzip Handlung in der Philosophie Kants. Walter de Gruyter. Berlin 1978.

Königlich Preußischen Akademie der Wissenschaften (Hrsg.): Kant´s gesammelte Schriften. Band III. Erste Abteilung. Dritter Band. Kritik der reinen Vernunft (2. Aufl.). Druck und Verlag von Georg Reimer. Berlin 1911.

Königlich Preußischen Akademie der Wissenschaften (Hrsg.): Kant´s gesammelte Schriften. Band IV. Erste Abteilung. Vierter Band. Kritik der reinen Vernunft (1. Aufl.), Prolegomena, Grundlegung zur Metaphysik der Sitten, Metaphysische Anfangsgründe der Naturwissenschaft. Druck und Verlag von Georg Reimer, Berlin 1911.

Königlich Preußische Akademie der Wissenschaften (Hrsg.): Kant´s gesammelte Schriften. Band V. Erste Abteilung. Fünfter Band. Kritik der praktischen Vernunft. Kritik der Urteilskraft. Druck und Verlag von Georg Reimer. Berlin 1913.

Königlich Preußische Akademie der Wissenschaften (Hrsg.): Kant´s gesammelte Schriften. Band VI. Erste Abteilung. Sechster Band. Die Religion innerhalb der Grenzen der bloßen Vernunft. Die Metaphysik der Sitten. Druck und Verlag von Georg Reimer. Berlin 1914.

Königlich Preußliche Akademie der Wissenschaften (Hrsg.): Kant's gesammelte Schriften. Band X. Zweite Abteilung. Erster Band. Briefwechsel. Walter de Gruyter & Co. Berlin und Leipzig 1922.

Königlich Preußische Akademie der Wissenschaften (Hrsg.): Kant´s gesammelte Schriften. Band XIX. Dritte Abteilung. Handschriftlicher Nachlaß. Sechster Band. Moralphilosophie, Rechtsphilosophie und Religionsphilosophie. Walter de Gruyter & Co. Berlin und Leipzig 1984.

Königlich Preußliche Akademie der Wissenschaaften (Hrsg.): Kant´s gesammelte Schriften. Band XX, Dritte Abteilung. Handschriftlicher Nachlaß. Siebenter Band. Walter de Gruyter & Co. Berlin und Leipzig 1942.

Lehmann, Gerhard: Kants Tugenden. Neue Beiträge zur Geschichte und Interpretation der Philosophie Kants. Walter de Gruyter. Berlin New York 1980.

Luther, Martin: Von den Konziliis und Kirchen (1539). Weimarer Ausgabe 50.

Luther, Martin: Anotat. In Ep. Ad Titum (1527). Weimarer Ausgabe 25.

Peschke, Erhard (Hrsg.): August Hermann Franke: Schreibschriften. Texte zur Geschichte des Pietismus II, 1. Berlin. New York 1981.

Röd, Wolfgang: Der Weg der Philosophie von den Anfängen bis ins 20. Jahrhundert. Zweiter Band 17. bis 20. Jahrhundert. Verlag C. H: Beck. München 1996.

Rousseau, Jean-Jacques: Vom Gesellschaftvertrag oder Grundlagen des politischen Rechts. Insel Verlag. Frankfurt am Main und Leipzig 1966.

Sandkühler, Hans Jörg (Hrsg.): Europäische Enzyklopädie zu Philosophie und Wissenschaften. Band 4, R–Z. Felix Meiner Verlag. Hamburg 1990.

Schaeffler, Richard: Religionsphilosophie. Verlag Karl Albert. Freiburg, München 1983.

Schiketanz, Peter: Der Pietismus von 1675 bis 1800. Evangelische Verlagsanstalt. Leipzig 2001.

Scholz Heinrich: Religionsphilosophie. Zweite Auflage. Verlag von Reuther & Reichard. Berlin 1922.

Schulze - Meizier, Friedrich (Hrsg.): Meister Eckart. Deutsche Predigten und Traktate. Ausgewählt, übertragen und eingeleitet von Friedrich Schulze-Meizier. Insel Verlag. Leipzig.

Tersteegen, Gerhard (Hrsg.): Hand–Büchlein der wahren Gottseligkeit (1727). Übersetzung des „Manuel de Piété". Rheinland-Verlag. Köln 1997.

Trepp, Leo: Die Juden - Volk, Geschichte, Religion. rororo. Reinbek bei Hamburg 1987.

Weiss, Fritz (Hrsg.): Aulus Gellius, Die Attischen Nächten. Zum ersten male vollständig übersetzt und mit Anmerkungen versehen von Fritz Weiss. Erster Band. I.–VIII. Buch, Wissenschaftliche Buchgesellschaft. Darmstadt 1975.

Wimmer, Reiner: Kants kritische Religionsphilosophie. Walter de Gruyter. Berlin, New York 1990.

Winter, Aloysius: Der andere Kant. Zur philosophischen Theologie Immanuel Kants. Mit einem Geleitwort von Norbert Hinske. Georg Olms Verlag. Hidelsheim. Zürich, New York 2000.

Zeitfracht Medien GmbH
Ferdinand-Jühlke-Straße 7
99095 Erfurt, Deutschland
produktsicherheit@kolibri360.de